KB039204

그들은 어떻게
원하는
회사에
들어갔을까

누구나 원하는 회사에 합격할 수 있는 취업 준비의 모든 것

그들은 어떻게
원하는
회사에
들어갔을까

홍준기 지음

21세기북스

당신의 일은 당신 인생의 큰 부분을 차지할 것이며, 일에 만족할 수 있는 유일한 방법은 당신이 생각하기에 훌륭한 일을 하는 것이다. 그리고 훌륭한 일을 할 수 있는 유일한 방법은 당신이 하는 일을 사랑하는 것이다. 아직 찾지 못했다면, 계속 찾기 위해 노력하고 현실에 안주하지 마라.

내가 큰 감명을 받았던 스티브 잡스의 2005년 스탠퍼드 대학 졸업식 연설의 일부분이다. 요즘처럼 자신이 원하는 직장을 갖기 어려운 우리나라의 여건에서는 '사치'처럼 들릴 수도 있다. 하지만 자신의 분야에서 성공하기 위해, 궁극적으로는 행복하고 만족스러운 삶을 살기 위해 이러한 삶의 자세를 추구해야 한다는 사실에 이의를 제기할 사람은 많지 않을 것이다.

나는 우리나라의 젊은이들이 사랑하는 일을 찾고 더 나아가 그 일을 할 수 있는 직장을 갖도록 돕는 것이 내가 할 수 있는 가장 '훌륭한 일'이라 생각하여 취업·진로 컨설팅 회사를 설립했다. 그리고 세계 굴지의 기업에 성공적으로 취업하여 훌륭한 커리어를 밟고 있는 지인들의 도움을 받아 기존의 취업·커리어 교육과는 다른 차원의 커리큘럼을 구상하고 이를 체계화하는 데 많은 노력을 기울였다.

그 결과 국내 굴지의 대기업, 외국계 회사, 금융권은 물론, UN과 같은 국제기구나 정부기관, 법률 사무소 등 전문 분야에 취업을 원하는 수백 명의 대학생과 직장인에게 강의와 컨설팅을 통해 도움을 주었고, 많은 이가 원하는 기업에 합격하고는 진심으로 고마움을 전했다. 앞으로 대한민국의 더 많은 취업 준비생에게 서비스를 제공할 수 있도록 콘텐츠와 이를 제공하는 방식을 더욱 대중화할 계획이며, 그 첫 번째 과정으로 이 책을 내게 되었다. 이 책은 소설의 형식을 빌려 실제로 ㈜이커리어에서 진행했던 성공적인 취업 컨설팅 사례를 기반으로 '가장 효과적인 취업 준비 방법론'을 '가장 쉽게' 제시하기 위해 노력했다.

3년 전, 우리나라에서는 생소했던 취업 컨설팅 및 취업 교육 전문 기업을 설립하려 했을 때 많은 사람이 이렇게 질문했다.

"서울대학교, 스탠퍼드대 대학원까지 나오고 삼성전자에서 근무하신 분이 어떻게 서류 통과 한 군데 하기도 어려운 대다수의 취업 준비생들과 공감하고 취업 교육을 할 수 있나요?"

물론 이런 질문은 충분히 이해가 갔다. 하지만 그동안 수많은 취업 준비생들을 대상으로 취업 컨설팅을 해 온 경험을 바탕으로 다음과 같은 말을 전하고 싶다.

첫째, 취업 컨설턴트는 철저히 능력과 성과로 평가받아야 한다. 취업 컨설팅의 궁극적인 목적은 '짧은 시간에 고객의 능력을 극대화해서 취업하게 하는 것'이므로, 취업 컨설턴트는 매우 논리적이고 분석적이어야 하며 산업과 회사 리서치에 대한 전문성이 있어야 한다. 또한, 취업 준비생의 인생을 바꾸는 중요한 역할을 하기 때문에 책임감도 매우 강해야 한다. '취업 지도에 대한 전문성'을 갖춘 전문 취업 컨설턴트가 '효과적으로 지도'할 때에 취업 준비의 성과는 극대화될 수 있다. 나는 유능한 취업 컨설턴트들을 많이 양성하여 취업 컨설턴트를 우리나라에서 존경받는 '전문직'으로 자리매김하는 것을 목표로 하고 있다. 유능한 취업 컨설턴트를 많이 양성하면 취업에 어려움을 겪고 있는 취업 준비생들에게 도움을 주고, 더 나아가 사회적으로도 인적 자원을 효율적으로 활용하는 데 기여하여 국익에 이바지할 수 있을 것이다.

둘째, 수백 명의 다양한 취업 준비생들을 지도한 결과, 내가 연구한 취업 준비 방법론은 국내외에서 다양한 배경을 지닌 취업 준비생들에게 일반적으로 적용될 수 있는 방법론이라고 확신한다. 이 방법론이 '일반적으로 적용이 가능'하다고 주장하는 이유는 '자신에게 적합한 산업, 회사, 직무를 선정하고 적절한 방법으로 열심히 준비한다'는 지극히 일반적인 원칙에 근거하기 때문이다. 나는 한국에서, 그리고 미국에서 자신이 원하는 기업에 성공적으로 취업하고 목표로 한 커리어를 밟아 나가는 수많은 사람들을 관찰하고 연구하면서, 그들에게 일맥상통하는 준비 방법이 있다는 사실을 깨달았다. 그래서 다양한 형태의 취업 관련 서비스를 연구하고 체계적인 취업 동아리 활동도 참고하면서, 다양한 취업 준비생들에게 일반적으로 적용할 수 있는 취업 준비 및 커리어 설정 방법론을 체계화했다. 여기서 중요한 것은 이를 '취업 준비생의 상황에 따라 적합하게' 적용하는 것이다. 지금까지 이러한 방법론을 취업 컨설팅에 효과적으로 적용하여 해외 유수 대학교부터 SKY(서울대, 고려대, 연세대), 지방 대학교, 상업 고등학교까지 다양한 학교 출신의 취업 준비생들을 지도해서 원하는 곳에 성공적으로 취업시킬 수 있었다. 또한, 대기업, 중견 기업, 외국계 기업, UN과 같은 국제기구, 대학교 교직원이나 국가고시 면접 등과 같이 다양한 곳에 지원하는 취업 준비생들을 합격시키며 좋은 성과를 거두었다. 이처럼 지원자들의 상황적 특성만 정확히 고려한다면, 취업을 준비하는 방법론은 지원자의 출신 학교, 성별, 지원 분야와 직무에 상관없이 효과적으로 적용할 수 있다.

마지막으로, 앞서 언급한 해외 유명 대학이나 SKY 대학 출신과 나머지 다른 대학 출신의 취업 준비생들 사이에는 분명한 차이점이 있다. 그것은 바로 '정보의 불균형'이 극심하다는 점이며, 이는 반드시 해결되어야 하는 사회 구조적 문제라고 생각한다. 해외 유명 대학교 출신이나 국내 유수 대학교 출신은 인맥(대학 선후배 및 집안의 인맥)을 통해 '원하는 기업에 들어가기 위해 어떻게 효과적으로 준비해야 하는지'에 대해 이미 저학년 때부터 철저히 파악하고 매우 체계적이고 효율적으로, 그것도 아주 열심히 준비한다. 반면, 나머지 다른 대학 출신은 인적 네트워크도 절대적으로 부족하고 대학교 차원에서도 도움을 줄 수 있는 부분이 제한되어 있어서 취업 준비에 어려움을 겪는 경우가 많다. 우리는 학벌 서열화가 강하게 고착화되어 있는 대한민국에서 살고 있으며, 그렇기 때문에 출신 대학별로 취업 준비의 출발선이 다르다는 사실을 인정해야 한다. 그러나 졸업한 대학교를 바꿀 수는 없더라도, 효과적으로 취업을 준비하는 최적의 방법론을 익힌다면 더 좋은 회사에 입사하는 확률을 높일 수 있다. 따라서 출신 대학교 때문에 불리하다는 생각이 든다면, '효과적인 방법'을 찾으려 노력해야 할 것이다.

생애 처음으로 내 책이 세상의 빛을 보게 되었다. 나는 책을 내기에는 아직까지 여러 가지 면에서 부족한 점이 많은 사람이라고 생각한다. 하지만 서점에서 취업 관련 서적을 둘러볼 때마다, 수많은 취업 준비생들이 실질적으로 도움을 받을 수 있는 취업 대비서를 찾기 어렵다는 사실이 너무도 안타까웠다. 기존의 취업 대비서들은 대부분 단편적인 팁 위주로 되어 있고, 지나치게 이론적으로 기술되어 있거나, 취업에 대한 현실 감각 없이 쓰여진 경우도 많았다. 그래서 그동안 수백 명의 취업 준비생들을 지도한 노하우를 바탕으로 '기존의 취업 대비서와는 확연히 다른' 책을 쓰겠다고 결심했다.

처음 책을 기획할 때, 지금과 같은 소설 형식을 의도했던 것은 아니었다. 하지만 이미 수많은 이론서에 지친 취업 준비생들에게 쉽게 다가갈 수 있고, 내가 하고 싶은 이야기를 효과적으로 전달하면서, 무엇보다도 취업 컨설팅의 느낌을 가장 생생하게 전달하는 형식은 소설뿐이라고 확신하게 되었다. 책을 쓰는 것은 쉽지 않은 과정이었으며 글을 써 가는 과정에서 많은 노력을 기울여야 했다. 다양한 소설을 읽어서 표현과 스토리 진행에 필요한 감각을 익히는 동시에, 소설 작법, 시나리오 작법, 스토리텔링 기법에 관련된 서적을 닥치는 대로 읽고 공부했고, 글쓰기와 스토리텔링에 관련된 강의도 수강하면서 바람직한 스토리 전개나 등장인물의 갈등 표현도 공부했다. 이러한 노력에도 불구하고 표현력이 부족하고 스토리 전개가 매끄럽지 않은 부분이 있다면, 독자 여러분들께서 너그러이 양해해 주시기를 부탁한다.

취업을 앞두고 있는 취업 준비생들이 단기적으로 취업 준비 기술을 얻기 위해 이 책을 활용할 수도 있지만, 당장 취업을 목전에 두고 있지 않은 저학년들도 장기적인 취업 준비에 활용할 수 있을 것이다. 원하는 기업에 성공적으로 취업한 사람들은 대부분 저학년 때부터 체계적으로 취업 준비를 했다는 사실을 명심해야 한다. 어쩌면 취업도 평생 밟아 가야 할 장기적인 커리어의 극히 일부에 불과하다. 이러한 측면에서 장기적인 커리어 계획을 수립하고 대학 시절 초반부터 착실히 준비하는 것은 매우 중요하다. 이렇게 장기적인 커리어 계획을 수립하고 대학 시절을 더욱 알차게 보내는 방법에 대해 깊이 있게 다루지 못한 것이 아쉬움이 남지만, 후속작을 통해 이 내용을 소개하고 싶다.

업무와 집필을 병행해 온 지난 반년은 어떻게 지나갔는지 모를 정도로 바쁜 시간이었다. 쉽지 않은 과정이었지만, 보람찬 시간이었다. 부족하지만, 이렇게 한 권의 책이 완성된 것은 사랑하는 아내와 아들의 따뜻한 배려 그리고 출판사 관계자 여러분들을 비롯한 많은 분들의 도움 덕분이었다고 생각하며 이 자리를 빌려서 진심으로 감사의 말씀을 드린다.

마지막으로, 이 순간에도 목표하는 기업에 취업하기 위해 최선을 다하고 있는 취업 준비생들에게 힘내라는 말을 전하고 싶다. 물론 취업이 인생에서 가장 어려운 과정은 아니라고 말할 사람도 있겠지만, 요즘 같은 시대에 취업이라는 관문은 취업 준비생들이 이전에 겪었던 어떤 상황보다도 외롭고 치열한 전쟁이다. 취업이라는 어려운 관문을 넘고자 하는 많은 취업 준비생들이 이 책을 통해 조금이나마 쉽고 효과적으로 취업 준비 방법을 터득하여 목표하는 기업에 입사할 수 있다면 저자로서 더없는 보람을 느낄 것이다. 취업난에 고통을 겪고 있는 이 땅의 수많은 취업 준비생들이 진심으로 '사랑하는 일'을 찾고 원하는 기업에 취업하는 데 조금이나마 도움이 되길 바란다. 힘들었던 취업 준비 기간을 돌아보며 웃을 수 있는 그날은 분명히 올 것이다. 그때까지 모두 힘내길 바란다. 파이팅!

2012년 9월
홍준기

등장인물 소개

승호

평범하게 학교를 다니고 졸업한 대한민국 평균 20대. 자신감 없고 소심한 성격이지만, 책임감이 강하고 취업을 위해 최선을 다하는 착한 청년이다. 아버지가 명예퇴직하면서 가정 형편이 어려워졌지만 항상 희망을 잃지 않는다.

진아

승호와 7년간 사귄 오래된 여자 친구로, 세심하게 배려하고 속이 깊다. 완벽주의자에 꼼꼼한 성격이어서 미리 취업 준비를 잘해 두었지만, 정작 취업 때가 되어 이런저런 걱정이 많다. 승호를 위해 취업 멘토를 소개해 주고 취업 스터디를 꾸리는 등 많은 힘이 되어 준다.

지훈

승호의 고등학교 동창이자 진아의 선배로, 고등학교 때 미국으로 건너가 유명 대학을 졸업한 실력파. 취업 수준을 만만히 보고 한국으로 돌아왔다가 냉엄한 현실을 깨닫는다. 승호와 티격태격하기도 하지만, 승호의 면접 준비를 도와줄 만큼 마음이 따뜻한 친구다.

홍 대표

승호의 취업 멘토이자 진아의 사촌오빠. 따뜻하고 온화한 카리스마와 책임감으로 많은 취업 준비생을 지도하여 취업시킨 취업 컨설턴트다. 진아와 지훈에게도 충고를 아끼지 않으며, 승호의 발전과 성장을 지켜보고 격려하는 진정한 멘토다.

차례

Part 1 나는 백수다

Part 2 취업의 늪에서 멘토를 만나다

Part 5 입사를 확정 짓는 면접의 비밀

프롤로그

면접 울렁증

"다음 조 여러분들 입장하시기 바랍니다!"

면접 대기실에 면접 진행 담당자의 낭랑한 목소리가 울려 퍼졌다.

'드디어 올 것이 왔구나!'

승호는 마음을 다잡으며 주먹을 불끈 쥐었지만, 면접장으로 들어가는 문에 한 걸음 한 걸음 다가갈수록 손에는 조금씩 땀이 고였다.

'에잇, 까짓 거 아무것도 아니야! 호랑이 굴에 잡혀 가는 것도 아니고, 면접관들도 똑같은 사람인데 긴장할 필요가 뭐 있어. 그나저나 태어나서 처음 보는 면접인데, 하필이면 우리 조에서 가장 첫 번째로 입장할 게 뭐람?'

면접장 문을 열기 직전, 승호의 심장은 쿵쾅쿵쾅 뛰고 있었다. 승호는 크게 심호흡했다.

'학교 모의 면접에서 연습했잖아. 잘할 수 있을 거라고! 그동안 준비했던 대답이나 잊지 말고 잘 말하면 돼.'

승호는 무심결에 문을 벌컥 열고 들어서다가 아차 싶었다. 당황한 나머지 노크를 잊은 것이다.

'이런 실수를……'

승호는 면접관들을 흘깃 바라보았다. 면접장에는 세 명의 면접관이 있었는데, 들어서면서 면접관 한 명과 눈이 딱 마주치고 말았다.

'내가 노크도 안 하고 들어온 것을 보고 면접 전부터 안 좋게 생각하는 것은 아닐까?'

가뜩이나 긴장되는데 벌써부터 실수했다고 생각하니 불안한 마음이 더욱 커졌다. 다행히 다른 두 명의 면접관은 지원자들의 서류를 살펴보느라 크게 신경 쓰는 것 같지 않았다.

"자리에 앉으세요."

면접관 중 한 명이 의자를 가리키며 말했다. 의자에 앉는 소리가 시끄럽게 느껴질 정도로 적막했다.

"자, 가장 먼저 들어온 이승호 씨부터 한 분씩 1분 이내로 자기소개해 주세요."

'아, 이제 시작이구나. 그러면 정신을 바짝 차리고 연습한 대로 자신감 있게……'

"안녕하십니까! 지원자 이승호입니다! 저는……"

어라? 그동안 수도 없이 연습했는데, 막상 면접장에 들어오니 자기소개 내용이 기억나지 않는다!

'뭐였지? 나를 무슨 동물에 비유하는 것이었는데……. 소였던가?

아닌데, 소로 연습하다가 최근에 다른 동물로 바꿨는데?'

"저는……!"

고통스러운 침묵의 시간이 흘렀다. 얼굴은 점점 빨개졌고, 심장은 기관차처럼 뛰었다. 하지만 야속하게도 머릿속은 하얀 백지 상태였다. 정말 아무것도 생각나지 않았다. 시간이 지날수록 면접관들의 표정에는 실망스러운 기색이 역력해졌다.

'아, 이런……. 무슨 말이라도 하라고!'

마음속에서는 어떻게든 이 상황을 벗어나야 한다고 외치고 있었지만, 아무 말도 나오지 않았다. 얼마나 시간이 지난 것일까. 준비한 내용을 잊어버렸다고 실토하는 것 말고는 방법이 없었다.

"죄송합니다! 너무 긴장했는지 준비한 자기소개가 생각나지 않습니다!"

"네, 알겠습니다. 다음 분, 자기소개해 주세요."

다른 지원자들의 자기소개가 진행되는 동안 승호는 눈물이 날 것만 같았다. 쥐구멍이라도 있으면 들어가고 싶었다. 오늘 아침 집을 나서기 전에 파이팅을 외치던 아버지와 어머니, 남자 친구가 첫 번째 면접을 보러 간다고 넥타이를 골라 주던 여자 친구 진아의 얼굴이 차례로 눈앞을 스쳐 지나갔다.

'아, 다른 사람들은 어쩌면 실수도 없이 청산유수일까……. 다들 대학 시절에 세상이라도 구한 듯이 이야기하고 있잖아!'

자기소개 순서가 끝나고 본격적으로 인성 면접이 시작되었다.

"이승호 씨는 자신의 강점과 약점이 무엇이라고 생각하세요?"

'다행이다. 가장 기본적인 질문을 묻다니.'

승호는 내심 기뻐하며 답했다.

"누구보다도 성실한 것이 저의 강점이라고 생각합니다. 초등학교 때부터 고등학교 때까지 단 한 번도 결석한 적이 없습니다! 그리고 저의 약점은 아까도 보셨듯이 중요한 상황에 긴장해서 실수를 자주 하는 것입니다!"

기업은 솔직한 사람을 선호한다고 하지 않던가? 이렇게 이야기하면 아까의 실수를 어느 정도 만회할 수 있을 것 같았다.

"학창 시절에 개근상 받은 사람은 많은데, 그것만으로 회사 생활에도 성실하리라고 보기는 어려울 것 같습니다. 그리고 회사에 들어오면 긴장할 상황이 많을 텐데, 긴장한 상황에서 실수를 많이 한다면 업무에도 지장이 있지 않을까요?"

'어? 이렇게 질문하면 곤란한데……. 이런 질문에 대해서는 답변을 준비하지 못했단 말이야!'

잠시 당황하는 동안 면접관은 이미 다른 지원자에게로 눈길을 돌렸다.

"그러면 다음 지원자 분, 같은 질문에 대해 대답해 보세요. 자신의 강점과 약점이 무엇인가요?"

결국 강점과 약점에 대한 질문은 승호에게 주어진 처음이자 마지막 질문이 되었고, 다른 지원자들이 대여섯 개의 질문에 대답하는 동안 승호는 꿔다 놓은 보리자루처럼 멀뚱멀뚱 있어야만 했다.

"자, 마지막으로 하고 싶은 말 있으신가요?"

승호는 인생의 첫 면접을 이대로 끝낼 수는 없었다. 한마디라도 해야 조금이라도 관심을 끌 수 있으리라고 생각했다.

"오, 오늘 저의 역량을 충분히 보여 드리지 못해 아쉽습니다. 입사의 기회가 주어진다면, 이 회사에서 제 역량을 마음껏 펼치고 싶습니다."

그나마 더듬거리며 이렇게 이야기하는 것 이외에 달리 할 말은 없었다. 그동안 학교에서 들었던 취업 특강과 친구들과 함께 취업 스터디를 진행했던 나날들이 눈앞에서 주마등처럼 스쳐 지나갔다.

"네, 알겠습니다. 수고하셨습니다. 돌아가 보세요."

한 면접관이 앞에 놓인 서류들만 들여다보며 무심하게 대답했다.

승호는 건물을 나서며 뜨거운 햇살을 느꼈다. 벌써 6월 초······. 이렇게 승호의 대학 생활도 끝나 가고 있었다.

Part 1

나는
백수다

왜 나 같은 인재를
몰라보는 거지?

이제 계절은 한여름으로 치닫고 있었다.

"휴우……."

학교로 걸어 올라가는 언덕배기에서 잠시 멈춰 선 승호는 자신도 모르게 한숨을 내쉬었다. 군복무 기간을 빼고 4년간 오르내린 언덕 이건만, 오늘따라 발걸음이 무거운 듯 느껴졌다. 마지막 학기였던 지난 학기 초만 해도 이맘때면 어느 회사에든 취직해서 이 길을 다시는 오를 일이 없으리라고 생각했다. 이 더운 여름날, 영어 문제집이 든 책가방을 메고 이렇게 다시 학교에 가리라고는 상상도 하지 않았던 것이다.

물론 선배들도 취업이 안 되어 백수로 지내는 경우가 많다는 이야기는 익히 들었다. 그러면서도 '그래도 나는 아니겠지'라고 막연하게 생각하고 있었다. 아니, 적어도 그렇게 믿고 싶었다. 그러나 본격적인 취업 시즌이 시작되자, 막연한 기대감이 '혹시 나도……'라는 불안감으로 바뀌는 데에는 그리 오랜 시간이 걸리지 않았다. 3월 초부터 서류 지원을 시작했는데 정신 차릴 새도 없이 탈락했고, 6월이 다 되어서야 단 한 군데에서 면접 기회를 얻을 수 있었다. 그렇게 어렵게 얻은 기회였는데 어이없이 떨어지고 나니, 정말이지 힘이 쪽 빠지는 느낌이었다. 그 이후로는 면접 기회도 얻지 못했다.

"이승호!"

골똘히 생각에 잠겨 걸어가던 승호는 뒤에서 누군가가 팔을 덥석 잡으며 소리치는 바람에 화들짝 놀랐다.

"아, 깜짝이야. 왜 사람을 놀라게 하고 그래!"

같은 과 동기 형진이었다.

"뒤에서 몇 번이나 불렀는데. 귀 먹었어? 그나저나 학교에는 웬일이냐? 종강했잖아."

"어, 학교 떠나기 전에 후배들 밥이나 사 줄까 하고 왔지! 하하하!"

승호는 짐짓 웃음으로 넘기며 둘러댔지만, '잔머리의 제왕'으로 알려진 형진은 이미 상황을 눈치챈 듯했다. 물끄러미 승호의 얼굴을 쳐다보던 형진은 승호의 옆구리를 찔렀다.

"승호야, 다 떨어졌지?"

"무슨 소리야, 다 떨어지긴. 천하의 이승호가 그럴 사람으로 보여!"

큰소리는 쳤지만, 형진은 역시 집요했다.

"그래? 어디 됐는데?"

"아, 정말. 스트레스 받으니까 더 물어보지 마!"

"으이그, 이 녀석아. 내가 너를 안 지가 벌써 몇 년인데 거짓말을 하냐. 가자! 내가 밥 사 줄게."

형진은 씨익 웃으며 승호의 팔을 끌어 학생식당으로 향했다.

학기가 끝났는데도 학생식당은 학생들로 북적였다. 취업 준비에 각종 스펙 쌓기로 방학 중에도 저마다 바쁜 모양이었다.

형진은 밥을 입 안 가득 넣으며 말했다.

"그러고 보니 우리 동기 중에 취업된 사람이 몇 명 없는 것 같아. 성근이도 결국 다 떨어졌다던데?"

"그래? 그 녀석은 학점도 4점 만점에 가깝잖아. 그런데도 떨어졌단 말이야?"

다른 친구들은 다 떨어져도 반드시 합격할 줄 알았던 성근이었다. 학점 3.9에 토익 980. 물론 금융계 문턱이 높은 것은 알고 있었지만, 교수님들의 희망이라고 불리던 녀석이었다. 그런데 성근이도 떨어진 것을 보니, 정말 취업하기가 힘들긴 힘든 모양이다. 해가 거듭될수록 취업이 점점 더 어려워지는 것이 피부로 느껴졌다.

"정부 통계로는 대학 졸업자 취업률이 매년 50~60%라고 하는데, 왜 우리 주위에서는 취업한 사람들을 찾아보기 어려운 걸까?"

고개를 갸우뚱하며 형진이 묻자, 승호도 고개를 끄덕이며 말했다.

"그러게 말이다. 주변에 좋은 대학 다니는 친구들도 원하는 곳에 취업했다는 애들이 별로 없더라고. 우리 학교야 언제 선배들 취업 많이 됐다는 말 들은 적 있어?"

"그래도 합격 잘되는 선배들이 없는 것은 아니잖아. 진영 선배도 이번에 대기업에 합격했어."

그러고 보니 형진의 말이 틀린 것은 아니었다.

'하긴, 맞아. 선배들을 보면……. 학교 탓할 것만도 아니지. 그래도 나도 노력할 만큼 했다고!'

상위권 대학 출신이라거나 높은 토익 성적처럼 애당초 눈에 띄는 화려한 스펙은 없지만, 승호는 지난 반년간 취업 준비를 소홀히 하지는 않았다고 생각했다. 그전에는 어디에 있는지도 몰랐던 대학교 취업지원센터에 찾아가서 자기소개서 첨삭 지도도 받고, 여러 가지 심리 검사를 통해 진로 상담도 받았다. 학교에서 제공하는 취업 특강도 듣고, 면접 특강, 이미지 특강에도 빠짐없이 참석했다. 어디 그뿐인가? 온라인 취업 카페도 웬만한 곳에는 전부 가입하고 합격자 스펙, 합격자 자기소개서, 면접 후기도 열심히 찾아봤다.

'이젠 졸업생이라 더 불리해질 수도 있는데, 도대체 어떻게 준비해야 하나? 도대체 세상은 왜 나 같은 인재를 몰라보는 거야?'

그렇지 않아도 가슴이 답답하던 차에 형진이와 이야기를 하니 더 우울해졌다. 형진과 헤어지고 도서관으로 향하는 승호의 발걸음은 점점 더 무거워졌다.

백수, 결심하다

그날 저녁, 승호는 취업 정보나 얻어 볼까 하는 마음에 오랜만에 고등학교 동창회에 나갔고 3년 만에 영수를 만났다. 영수는 졸업과 동시에 대기업에 취업했다며 의기양양하게 친구들에게 명함을 나누어 주고 있었다.

'저 녀석, 고등학교 때는 나보다 성적도 안 좋았는데…….'

하지만 과거는 과거일 뿐, 지금 현재 영수는 어엿한 대기업의 사원이었고, 승호는 졸업한 백수였다.

"승호야, 오랜만이다. 여기 명함 있어. 직원 가격에 구입할 수 있으니까 우리 회사 제품 중에 필요한 것이 있으면 알려 줘. 그나저나 너는 아직 구직 중이니?"

뻔히 알면서도 친구들 있는 데서 물어보는 영수가 원망스러웠다.

"응? 응······. 합격한 곳이 있긴 한데, 대기업에 다시 지원하려고 안 간다고 했다!"

"그렇구나. 곧 좋은 소식 있겠지. 기운내!"

늦은 밤, 버스를 타고 집으로 돌아오며 승호는 울적해졌다.

'역시 동창회에 가는 것이 아니었어. 취업하기 전까지 다시는 모임에 나가나 봐라.'

이렇게 생각은 했지만, 자신의 신세가 참으로 처량하게 느껴졌다.

"승호, 왔니?"

술도 한잔했겠다, 아버지를 피해 조용히 방으로 들어가려 했던 승호는 마루에서 들리는 아버지의 목소리에 흠칫 놀랐다. 아버지는 승호를 기다렸는지, 늦은 시간인데도 마루에서 신문을 보고 있었다.

"아직 안 주무셨어요, 아버지?"

"어, 승호야. 우리 아들, 오늘도 취업 준비하느라 고생 많았겠구나. 파이팅이다!"

아버지는 오늘도 변함없이 웃는 얼굴로 승호를 맞아 주었지만, 요즘 부쩍 아버지가 늙어 보였다. 승호의 아버지는 2년 전에 명예퇴직을 했다. 중소기업이었지만 대기업에 안정적으로 부품을 납품하는 탄탄한 기업이라며 항상 자부하던 직장이었다. 그래도 값싼 중국산의 공세를 피해 갈 수는 없었던 모양이다. 회사는 몇 년 전부터 어렵게 버티는가 싶더니, 결국 특단의 조치로 2년 전 대규모 감원을 하게 되었다. 대학교를 졸업하고 입사하여 20년 넘게 근무하면서 회사와 함께 성장해 왔다고 자부하던 승호의 아버지는 처음에는 명예퇴직자 명단에 포함된 것을 보고 믿을 수 없었지만, 곧 현실을 받아들일 수밖에 없었다.

아버지가 퇴직한 것을 가족들이 알게 된 것은 퇴직하고도 6개월이 지난 후였다. 가족들에게 사실대로 말하기가 어려웠는지, 항상 출근 시간에 맞추어 집을 나섰기 때문에 아무도 눈치채지 못했다. 아마도 새로운 직장을 알아보고 다녔으리라. 하지만 50대 중반의 승호 아버지를 받아 주는 곳은 없었다. 퇴직 후 반년이 지난 어느 날, 아버지는 가족들과 저녁 식사를 하다가 퇴직 사실을 이야기했다. 가족들은 모두 놀랐다. 당시 수능 공부 중이던 여동생 승혜가 걱정이었지만, 기특하게도 꿋꿋이 이겨내고 자기가 원하던 대학에 합격했다.

"그래도 승호 대학 마칠 때까지는 버텼어야 했는데……."

이렇게 이야기하는 아버지가 한편으로는 원망스럽기도 했지만, 승호는 아들로서 더욱 안타까웠다. 승호의 가족은 아버지가 직장 생활을 하는 20여 년 동안에도 경제적으로 여유가 없었다. 그나마 서울 근교에 작은 아파트 한 채를 마련한 것도 승호의 어머니가 아끼고 아낀 덕에 가능했다. '어서 취업해서 부모님의 짐을 덜어 드려야지'라고 승호는 하루에도 몇 번씩 생각했지만, 더 열심히 취업을 준비해야겠다고 다짐하는 것 외에는 어찌할 도리가 없었다.

'이대로는 안 돼. 가족을 위해서라도 반드시 취업하려면 뭔가 특단의 조치가 필요해!'

승호는 자신도 모르게 주먹을 불끈 쥐었다.

그 녀석과
취업 스터디를 한다고?

    승호와 진아는 고등학교 시절에 만난 연인이다. 티격태격하며 지내 온 시간이 벌써 7년이 넘어서, 말 그대로 '장수 커플'이다. 승호가 대입 시험에서 기대에 한참 못 미치는 성적을 받거나 승호의 아버지가 직장을 잃거나, 어려움을 겪을 때마다 승호에게 큰 힘이 되어 준 진아가 승호는 정말 고마웠다. 특히 취업에 어려움을 겪으면서 진아의 격려 한 마디 한 마디가 큰 힘이 되었다.

    진아는 커다란 눈과 귀여운 미소로 주변 남학생들의 시선을 독차지했다. 진아는 항상 '자신이 하고자 하는 일을 이루기 위해 최선을 다하는 것'이 생활 신조였다. 지나치리만큼 열심인 진아의 성격 때문에 승호와 종종 의견 충돌이 있기도 했지만, 진아는 한순간도 쉬지 않고 성실하게 대학 생활을 했다. 마지막 학기를 앞둔 진아의 학점은 언제나 최상위권이었고, 대학교 저학년 때부터 영어에 많은 관심을 가지고 공부했을 뿐 아니라 교환학생으로 미국에도 다녀와서 수준급의 영어 실력을 가지고 있었다. 한번은 승호와 진아가 버스 정류장에서 버스를 기다리고 있는데, 낯선 외국인이 길을 물어 왔을 때 승호는 당황했지만 진아가 능숙한 영어로 그 외국인에게 길을 가르쳐 주고 서로 농담까지 건네는 것을 보고 깜짝 놀란 적도 있었다. 그뿐인가? 일찌감치 금융권을 목표로 삼고 금융 동아리 활동도 착실히 하면서 관련 자격증도 세 개나 따 둔 상태였다.

'진아가 열심히 준비할 때 반만 따라 했어도 이렇게 막막하진 않았을 텐데.'

최근 들어 승호는 이런 생각도 들었다.

"오빠, 요즘 취업 준비는 잘되고 있어? 말 좀 해 봐."

'2주 만에 만났는데 만나자마자 취업 이야기라니, 역시 진아답네.'

지난 7년간 항상 붙어 다녀서 '닭살 커플'이라는 별명이 붙기도 한 그들이었지만, 최근에는 승호가 취업에 어려움을 겪으면서 데이트도 자주 못하고 있었다. 승호는 진아가 '취업 준비' 이야기를 꺼낼 때마다 매번 다른 이야기로 화제를 돌리곤 했다. 물론 승호도 취업에 대한 걱정은 많지만, 자존심 때문에 여자 친구인 진아에게 털어놓고 싶지는 않았던 것이다.

"그럭저럭 하고 있지, 뭐. 하반기에는 잘되어야 할 텐데 말이야."

"이제는 나도 마지막 학기를 앞두고 그동안 준비한 것들 정리하고 실전 대비를 해야 할 때잖아. 그래서 취업 스터디 그룹을 하나 만들려고 다른 한 명과 멤버를 모집하고 있어. 오빠, 요즘 특별히 스터디

하는 것 없으면 같이 하는 게 어때?"

"취업 스터디?"

승호는 취업을 위한 스터디 그룹의 필요성은 느끼고 있었지만, 막상 지난 학기에 취업에 실패하고 스스로 나서서 적극적으로 모집할 엄두를 내지 못하던 차였기에 진아의 제안에 귀가 솔깃했다.

"같이 하려고 하는 친구는 누군데?"

"아참, 오빠도 지훈 오빠 알지? 오빠랑 같은 반이었다고 하던데?"

"유지훈? 고등학교 동창 유지훈 말이야?"

승호는 지훈과 고등학교 1학년 때 같은 반이었던 적이 있었다. 반에서 중간 정도 등수에서 앞서거니 뒤서거니 하던 사이였는데, 1학년을 마치고 돌연 미국으로 유학을 떠났다. 대기업 임원이었던 지훈의 아버지가 해외로 발령나서 지훈도 따라간다고 했던 기억이 나는데, 그 이후로 어떻게 지내는지는 듣지 못했다.

"그 친구, 어떻게 지냈대?"

승호는 무관심한 척 슬쩍 물었다.

"미국 가서 잘 적응했나 봐. 대학도 좋은 데 갔던데? 어디라더라……. 어쨌든 미국에서 손꼽히는 대학교였어."

'쳇, 부모님 잘 만나서 도피 유학 간 주제에 어떻게 좋은 대학에 간 거지?'

승호는 자신과 비슷한 성적이었던 친구가 미국에서도 손꼽히는 대학에 갔다는 말을 들으니 마음이 편치 않았다. 대입 시험에서 긴장한 나머지 한 과목 답안을 몽땅 밀려 쓰는 바람에 어이없는 성적을 받고도 어려운 집안 사정 때문에 재수조차 할 수 없었던 자신의 처지와 비교해 보면 부러울 따름이었다. 그렇다고 진아에게 그런 마음을 솔직히 털어놓을 수는 없었다.

"그 친구랑 같이 하는 건 별로야. 유학 갔다 온 친구가 한국의 취업 준비에 대해 뭘 알겠어? 그리고 그 녀석은 미국까지 갔으면 그곳에서 취업하고 잘살 것이지 왜 한국으로 돌아온 거야? 한국에서 취업 준비하는 사람들 피곤하게시리."

승호는 불만스러웠다.

"요즘 미국도 상황이 좋지 않은지, 미국에 남아 취업한 유학생들이 거의 없다나 봐. 지훈 오빠는 그 와중에 미국에서 한 군데 합격했는데도 썩 마음에 들지 않아서 한국으로 돌아온 거라고 하던데?"

"그래? 어쨌든 난 싫어. 도움도 안 될 것 같고. 그냥 혼자 할래."

"오빠, 어차피 영어 면접도 준비해야 하는데 지훈 오빠가 도와줄 수 있을 거야. 그러지 말고 날 봐서 같이 하자, 응? 오빠랑 스터디를 해야 더 자주 만날 수 있잖아."

맞는 말이었다. 다른 면접 유형이야 어떻게든 준비한다지만, 영어 면접은 혼자 힘으로는 도저히 준비하기가 어려웠다. 그리고 취업 준비하면서 진아와 만날 짬을 내기 어려운 것도 사실이었다. 고민하던 승호는 결국 못 이기는 척하고 진아의 의견에 따르기로 했다.

"알겠다. 으이그, 누구 말씀이라고."

취업 스터디를 시작하다

진아는 단골 커피 전문점에서 혼자서 책을 읽으며 지훈을 기다리고 있었다. 지훈은 약속 시간에서 10분쯤 지나자 유유히 나타났다.

"진아야, 오래 기다렸어? 미안, 한국은 길이 너무 막혀서 택시도 못 타고 다니겠다."

"오빠가 지각하는 게 하루 이틀인가, 뭐. 오늘은 그나마 안 늦은 편이네."

진아가 새침하게 쏘아붙이자, 지훈은 웃으며 사과했다.

"대신 커피는 내가 살게."

진아는 승호에게 지훈과 스터디를 같이 하는 것이 결정된 것처럼 말했지만, 사실 지훈에게는 승호도 함께 한다는 이야기를 꺼내지 않은 상황이었다. 지훈을 어떻게 설득해야 할지 마땅한 말이 떠오르지 않았기 때문이었다. 하지만 더 이상 미룰 수만은 없었다.

"진아야, 그나저나 무슨 일이야? 갑자기 연락까지 하고. 데이트라도 하자는 건 아니지?"

지훈은 차가운 아이스커피를 꿀꺽꿀꺽 들이키더니 능청스럽게 웃었다.

"어머나, 왜 이래? 나 임자 있는 몸이야."

진아도 웃으며 받아쳤다.

"사실 미리 말하려고 했는데, 왜 지난번에 새로운 스터디 멤버 구했다고, 조만간 만나자고 했잖아? 그 멤버를 오늘 소개해 주려고 하는데……."

진아는 고민을 감추고 생글생글 웃으며 이야기했다.

"진아가 직접 뽑았다니 기대가 큰데. 어떤 사람이야?"

"오빠도 잘 아는 사람이야."

"그래? 누군데?"

"승호 오빠."

지훈은 당황한 기색을 감추지 못하고 잠시 머뭇거렸다.

"그래, 승호 알지. 그런데 승호랑 같이 스터디를 한다고? 진아야, 스터디란 서로 도움을 줄 수 있는 사람들이 모여야 성립되는 거야. 내게도 도움이 되는 사람과 스터디를 하고 싶단 말이지. 너야 네 남자 친구이니까 같이 하고 싶은 마음은 알겠는데, 나는 좀 그렇다."

"오빠, 그게 무슨 말이야? 남자 친구라서 그러는 게 아니야. 승호 오빠가 취업 준비를 얼마나 열심히 하는데. 지난 상반기에는 워낙 채용도 적었고 승호 오빠도 운이 없어서 잘 안 됐지만, 면접 경험도

있고 취업에 대한 정보도 많으니까 지훈 오빠한테도 도움을 줄 수 있을 거야."

"그래? 그 친구가 열심히 하는 스타일은 아닌데……."

"내가 얼마나 확실한 사람인지 알잖아. 날 봐서 승호 오빠도 좀 끼워 줘, 응?"

"그래도 싫어. 다른 사람 찾아보자."

"승호 오빠랑 같이 스터디 안 하면 나도 안 할래."

진아는 짐짓 심각한 표정을 지었다.

"뭐? 너무하잖아."

지훈은 어깨를 으쓱하더니 난감한 표정을 지었다. 진아는 이때를 놓치지 않았다.

"그러니까 스터디 같이 하자. 나를 봐서라도, 응?"

"네가 그렇게까지 이야기하니 어쩔 수 없네. 알았다. 하지만 그 친구가 열심히 안 하면 언제 그만둘지 몰라."

"고마워, 오빠."

그때 진아의 휴대 전화가 울렸다.

"응, 승호 오빠. 도착했어? 여기야, 여기!"

진아가 자리에서 일어나 웃으며 손을 흔들어 승호를 불렀다.

"이야, 승호. 오랜만이다. 잘 지냈어?"

지훈도 일어나서 승호에게 악수를 청했다.

"그래, 오랜만이다. 10년 만인 것 같네. 좋아 보인다."

10년 만에 만난 친구치고는 분위기가 참으로 어색했다.

"같이 하게 된 김에 정말 열심히 해서 모두 원하는 기업에 취업하면 좋겠다! 파이팅!"

진아가 두 남자에게 웃으며 말했다. 승호와 지훈을 취업 스터디에
참여시키는 데에는 성공했지만, 앞으로 스터디 진행이 얼마나 어려
울지 생각하니 머리가 아플 지경이었다.

대학 취업지원센터와 온라인 취업 사이트 활용법

① 대학 취업지원센터와 교내 취업 특강

취업률이 대학을 평가하는 중요한 요소가 된 요즘, 대학은 취업지원센터의 역할을 강화하고 교내의 취업 관련 강의에 역점을 둠으로써 학생들의 취업률을 높이기 위해 노력하고 있다. 또한, 취업지원관 제도를 통해 학생들의 취업을 지원하고 있다.

이런 제도를 통해 취업률 향상이라는 실질적인 효과를 보고 있는 대학도 있지만, 아직까지도 전문 인력의 부족과 체계적인 교육 커리큘럼의 부재로 어려움을 겪는 대학이 많은 것이 현실이다.

실제로 여러 조사를 통해 확인한 결과, 많은 대학생들이 학생 수에 비해 턱없이 부족한 대학교 취업 상담 인력과 일방적인 강의식의 취업 특강에 대해 불만이라고 말했다. 그러므로 대학의 취업 관련 서비스를 최대한으로 활용하되, 이에 전적으로 의존하지 말고 개별적으로 취업 역량을 극대화하는 노력을 기울여야 할 것이다.

② 취업 사이트

많은 취업 준비생들이 유명 포털사이트에서 인터넷 카페 형태로 운영하는 무료 취업 카페를 이용하고 있다. 유명 취업 카페 등 취업 사이트들은 다양한 취업 관련 정보를 보유하고 있고 무엇보다도 접근하기가 쉽기 때문에, 일부 사이트에는 100만 명이 넘는 회원들이 가입할 정도로 인기를 끌기도 한다. 그러나 익명의 카페 회원들이 남기는 무료 정보에 의존하다 보면 부작용도 따른다.

합격자 자기소개서, 합격자 스펙 등에 관련된 글도 실제와 다르거나 과장된 경우가 많아서 취업 준비생들에게 혼란을 주기도 한다. 또한, 실제 성공 사례라도 자신에게 바로 적용하기 어렵기 때문에 직접적으로 도움이 되지 않는 경우가 많다. 따라서 취업 준비생들은 신뢰할 수 있는 정보만 취사선택하여 활용해야 할 것이다.

취업 동아리와 취업 스터디 활용법

① 취업 동아리

일부 취업 동아리는 여러 분야에 종사하는 선배와의 네트워크, 체계적인 커리큘럼 등을 잘 갖추고 있어서, 많은 학생들이 좋은 성과를 거두기도 한다. 최근에는 학기 초가 되면 여러 취업 동아리에서 좋은 동아리 멤버를 모집하기 위해 마치 회사에서 캠퍼스 리크루트 행사를 하듯 플래카드나 포스터를 붙여 적극적으로 동아리를 홍보하는 경우를 흔히 볼 수 있다.

좋은 동아리 멤버를 모집하는 것이 동아리의 취업 성과를 높이는 것으로 연결되고 결국 동아리의 명성을 높여 주기 때문에, 유명 취업 동아리는 좋은 신입 멤버를 모집하기 위해 많은 노력을 기울인다. 명성 있는 유명 취업 동아리 출신은 그 능력이 어느 정도 보증된다고 판단하는 경우도 많아서, 실제로 특정 기업에서는 인턴이나 정직원 채용의 서류 심사 등에 가산점을 주기도 한다.

이처럼 취업 동아리에서는 매우 효과적으로 취업을 준비할 수 있는 장점이 있으므로, 저학년 때부터 적극적으로 활용하기를 권장한다. 그러나 체계가 갖추어진 취업 동아리는 극히 일부이며, 핵심적인 취업 정보들을 동아리 내에서만 독점적으로 공유하기 때문에 제한된 학생들만이 혜택을 누릴 수 있다는 한계가 있다. 또한 대부분의 동아리는 취업하기까지 장기간 활동할 수 있는 학생들로 가입 자격을 정하기 때문에, 막상 취업 정보가 필요한 졸업반 학생들은 가입이 불가능하여 도움을 받기 어렵다.

② 취업 스터디

　취업 스터디의 경우 취업에 임박한 취업 준비생들이 가장 많이 활용하는 취업 준비 방법이다. 특히, 특정 기업에 서류가 통과되고 나면 취업 사이트 등을 통해 해당 분야의 면접을 함께 준비하자는 취업 스터디 공고를 내고 스터디를 모집하는 것을 자주 볼 수 있다. 취업 스터디는 공통 목표를 가진 취업 준비생들이 모여서 해당 기업의 직무적성검사나 논술 시험 등을 함께 공부하거나 해당 기업의 정보를 함께 조사하고 공유함으로써 자기소개서나 면접 준비를 효율적으로 할 수 있다는 장점이 있다.

　하지만 스터디를 이끌어 갈 수 있는 월등한 수준의 멤버가 없다면 비슷한 수준의 취업 준비생들끼리 큰 도움이 되지 못해 흐지부지되는 경우가 많다. 또한 동일한 회사를 목표로 하기 때문에 서로 경계해서 중요한 정보는 공개하지 않거나, 반대로 자기소개서나 인성 면접에 대한 답변 아이디어를 서로 차용할 우려도 있어서 주의해야 한다.

Part 2

취업의 늪에서 멘토를 만나다

취업 스터디,
난관에 봉착하다

승호, 지훈, 진아는 우선 일주일에 두 번씩 스터디를 갖기로 하고, 전체적인 커리큘럼 계획과 일정은 진아가 맡기로 했다. 초반에는 서로 잘 지내는가 싶더니만, 얼마 지나지 않아 승호와 지훈은 사소한 일로 티격태격 다투기 시작했다. 주로 지각을 한다거나 조사해야 할 과제를 완수하지 못했을 때 서로 핀잔을 주면서 다툼이 시작되었는데, 시간이 지날수록 스터디의 분위기는 냉랭해졌다.

'휴우…… 역시 취업 스터디는 마음이 잘 맞는 사람들끼리 해야 하는 걸까?'

진아는 과거에도 영어 토론 스터디와 전공 프로젝트 모임 등에서 유사한 갈등을 해결한 적이 있었기 때문에, 이번에도 이런 갈등을 잘 해결해 나갈 수 있을 것이라 생각했다. 진아의 노력에 힘입어, 몇 주가 지나자 시간 약속과 과제 수행 등 기본적인 부분에 있어서는 큰 어려움 없이 스터디가 진행되었다.

하지만 진짜 문제는 실전 면접을 준비하면서 불거졌다. 초반에 산업 스터디나 직무적성검사 공부를 할 때는 각자 준비해 온 것을 발표하는 정도여서 실력이 크게 차이가 나지 않았는데, 실전 면접 부분으로 들어가니 승호의 울렁증이 드러났다. 이렇게 되니 처음에 걱정했던 상황이 나타나기 시작했다. 어느 날은 모의 토론에서 진아와 지훈이 한 시간 넘게 의견을 교환하는 동안 승호는 한 마디도 못하고 멍하니 보고만 있었다.

"승호야, 좀더 적극적으로 참여해 봐. 그렇게 가만히 있으면 실력이 늘겠어? 토론 주제에 대해 공부를 제대로 안 해서 그런 건 아니야?"

핀잔하는 듯한 지훈의 말에 승호도 볼멘소리로 대답했다.

"오늘 컨디션이 안 좋아서 그래. 다음번부터 많이 참여할 거야. 너나 잘해."

프레젠테이션 면접에 대비해서 각자 주제를 발표하던 어느 날, 승호가 발표하다가 갑자기 말이 막혀서 허둥지둥하는 것을 보고는 지훈은 기다렸다는 듯 지적했다.

"내용을 더 잘 알고 프레젠테이션을 준비해야지, 그렇게 대충 알고 나오면 당연히 잊어버린다고."

승호는 더 이상은 참을 수 없었다.

"유지훈, 준비 열심히 했거든? 네가 뭘 안다고 그래?"

"스터디에서 다른 사람이 의견을 주면 포지티브Positive하게 받아들

이고 자기 것으로 만들려고 노력해야지. 그렇게 삐딱하게 받아들이
면 발전이 있겠어?"

지훈의 조언은 구구절절 옳았지만, 승호는 여자 친구인 진아 앞에
서 망신당하는 것 같아서 더 이상 참을 수 없었다. 그리고 지훈은 오
랜 미국 생활로 가끔 영어 단어를 섞어 쓰기도 했는데, 승호는 그것
도 잘난 척하는 것처럼 보여서 거슬렸다. 게다가 진아도 곤경에 처
한 자신을 도와주지 않고 그날따라 난감한 표정을 짓고는 가만히 보
고만 있는 것이 아닌가? 승호는 분에 못 이겨서 씩씩거렸다.

"그래, 너 잘났다! 나도 이 스터디 마음에 안 들어서 더 이상 같이
못하겠어."

승호는 가방을 싸서 그 자리를 뛰쳐나왔다. 진아가 황급히 뒤따라
나왔다.

"오빠, 그렇게 나가버리면 어떻게 해!"

"됐어, 먼저 갈 테니 저 녀석이랑 스터디 마저 하고 가."

"그러지 말고 다시 들어가자, 오빠."

승호는 붙잡는 진아를 뿌리치며 이야기했다.

"싫다니까. 취업을 안 하면 안 했지, 저렇게 재수 없는 녀석이랑
스터디 같이 못하겠어!"

진아는 승호가 화내는 이유를 충분히 이해할 만했다. 사실 취업
스터디를 진행하면서 승호와 지훈 사이가 안 좋아지는 것보다 더 큰
문제는 각자의 역량이 실제로 발전하느냐 하는 근본적인 부분이었
다. 물론 서로가 여러 가지로 꼼꼼히 조언을 주려 노력하고 있었지
만, 어차피 똑같은 학생 수준에서 "이 부분이 잘못된 것은 아닐까?"

정도의 의견만 이야기할 뿐 '어떤 것이 바람직한 답변'이고 '어떤 방식으로 말해야 하는지'는 누구도 알 수 없었다. 자신들이 올바로 준비하고 있는지 확신할 수 없는 것이 취업 스터디의 명확한 한계였다. 잠시 곰곰이 생각하던 진아는 천천히 입을 열었다.

"오빠, 내가 고등학교 때부터 이야기하던 사촌오빠 있지? 오빠가 사촌오빠를 한번 만나 봤으면 좋겠어."

최강의 취업 멘토 등장

"아, 미국에서 공부하고 몇 년 전에 한국으로 돌아왔다는 잘나간
다는 그분? 그분은 왜?"

"응, 그 오빠가 몇 년 전에 취업 컨설팅 회사를 설립했거든."

"취업 컨설팅? 나한테 그런 것까지 받으라는 거야? 내 상태가 그
렇게 심각해?"

승호는 버럭 화부터 냈다. 최근 텔레비전 뉴스와 신문 기사를 통
해 많은 취업 준비생들이 취업 컨설팅이나 취업 학원 등의 취업 교
육 서비스를 이용하고 있다고 들은 적이 있었다. 그러나 '저런 것은
도대체 어떤 사람들이 다니는 거야?'라며 무심결에 지나쳤다.

"오빠가 그렇게 말할 줄 알고 그동안 말 안 했던 거야. 자존심 상
한다고 생각하지 말고 잘 생각해 봐. 실제로 취업에 도움을 받는 취

업 준비생들이 무척 많은가 봐. 특히 취업 시즌이 다가오면 주말은 물론이고 식사도 거르면서 학생들을 교육한다고 하던데? 실은 내가 오빠에 대해 미리 말해 뒀어. 지난 상반기에 취업이 힘들었는데 조만간 찾아가서 조언을 구해도 되겠느냐고 물어봤더니, 바쁜 와중에도 흔쾌히 승낙해 줬어."

역시 진아였다. 승호는 자신을 챙겨 주는 여자 친구가 너무도 고마워 화난 마음이 한풀 꺾였다.

"하지만 나처럼 대책 없는 경우도 도와줄 수 있을까?"

"듣자 하니 정말 다양한 사람들이 찾아오는데, 국내 대기업이나 외국계 기업은 물론 국제기구나 행정고시 면접처럼 특별한 경우에 대비하는 사람들도 많이 찾아온다나 봐. 국내외 유명 대학교 출신부터 고등학교 졸업자나 전문대 출신도 오고. 실력이 좋아서인지 지방에서 기차를 타고 올라오는 고객도 많고, 심지어는 미국이나 유럽에 있는 지원자들도 화상 통화로 지도를 받는대. 아마도 오빠는 평범한 축에 속할걸."

그리고 보니 예전에 진아가 진로에 대해 한참 고민할 때 사촌오빠와 많은 이야기를 나눴고 큰 도움을 받았다고 말한 기억이 났다.

"사촌오빠가 항상 하는 이야기가 '더 좋은 기업에 갈 수 있도록 지도하여 고객의 인생을 바꾼다'는 것이 목표라고 하더라. 혹시 알아? 이번 기회에 오빠 인생도 바뀔지?"

'인생을 바꾼다……. 이번에 취업이 되면 지금의 우울한 인생도 바뀔까? 아니, 인생이 바뀌지는 않더라도 현재의 상태에서 벗어날 수만 있다면…….'

퇴직한 아버지 대신 가족의 생활비를 대기 위해 취업 준비 중에도 아르바이트를 해야 하는 자신과 대학 등록금을 위해 아르바이트를 하고 있는 여동생……. 이런 상황을 바꿀 수 있는 유일한 길은 역시 취업, 그것도 좋은 기업에 취업을 하는 것 외에는 없어 보였다.

'그래, 지금 자존심을 내세울 때가 아니다. 어떤 기회라도 잡아야 한다!'

승호는 결심을 굳혔다. 그리고 항상 어려울 때마다 적절한 방법을 알려 주고 도와주는 현명한 진아가 너무도 고마웠다.

"그래, 한번 찾아가 보지, 뭐. 언제 찾아뵈면 될까? 특별히 준비해야 할 것은 없어?"

"잘 생각했어, 오빠. 그런데 사촌오빠는 특별히 지도해 주는 대신 조건이 하나 있대."

"무슨 조건?"

"최선을 다해 자신을 바꿀 마음의 준비가 되어 있을 것! 만약 그 준비가 되지 않았다면 받아 주지 않을 거라고 했어."

그 정도의 조건이라면 마다할 이유가 없었다.

"알았어. 최선을 다해 볼게! 그런데 그분을 어떻게 부르면 될까?"

"다른 학생들처럼 '홍 대표님'이라고 부르면 되겠지."

다음 날 승호가 홍 대표의 사무실로 찾아갔을 때, 홍 대표는 학생들을 지도할 내용을 검토하고 있는지 한참 분주한 모습이었다. 사무

실에 들어서기 전까지는 많이 긴장했는데, 막상 들어가니 마음이 편해지는 느낌이었다.

"안녕하세요, 대표님. 저는 이승호라고 합니다. 좋은 기회를 주셔서 정말 감사합니다."

"반갑습니다, 승호 씨. 진아한테 이야기 많이 들었습니다."

화려한 경력에 대한 선입견 때문에 혹시 거만한 사람은 아닐까 걱정했는데, 막상 만나 보니 홍 대표는 예의 바르고 반듯한 사람이었다. 사무실은 화려하진 않았지만, 깔끔하고 실용적으로 정돈되어 있어서 교육과 상담에 적합하게 구성된 느낌이었다.

"앞으로 잘 부탁드립니다!"

"제가 잘 부탁드려야죠. 반드시 좋은 결과를 내셔야 합니다."

"네, 열심히 하겠습니다."

승호는 회사의 웹사이트와 여러 기사를 통해 홍 대표와 회사를 미리 살펴보았는데, 컨설팅을 시작하기 전에 홍 대표에게 반드시 물어보고 싶은 것이 있었다. 왜 홍 대표가 잘나가는 직장을 그만두고 취업과 커리어에 관련된 사업을 시작했는지 하는 것이었다.

"대표님, 개인적인 질문 한 가지만 드려도 될까요?"

"네, 말씀하세요."

"사실 찾아뵙기 전에 대표님의 화려한 경력을 보고 놀랐습니다. 한국과 미국에서 최고 수준의 대학교와 대학원을 나오고 세계적으로 유명한 회사에서도 근무하신 것으로 알고 있습니다. 그 길을 계속 갔으면 탄탄대로를 걸을 수도 있었을 텐데, 왜 사업이라는 불확실한 길을 선택하셨는지 너무 궁금합니다. 저를 비롯한 많은 학생들이 모두 들어가고 싶은 회사, 그중에서도 가장 전망이 좋은 분야에 근무하셨는데 말입니다."

홍 대표는 예상했다는 듯이 웃으며 대답했다.

"네, 물어보실 줄 알았습니다. 실제로 많은 학생들이 그런 질문을 하기도 하고요."

커피를 한 모금 마신 후, 홍 대표는 승호에게 대뜸 질문을 던졌다.

"승호 씨는 혹시 스티브 잡스의 2005년 스탠퍼드 대학 졸업식 연설을 들어 본 적이 있나요?"

"아니요, 말은 많이 들었지만 실제로 들어 보지는 않았습니다."

진아가 영어로 된 연설문을 외우고 연습해 보자며 스터디에서 그 연설문을 소개했을 때 별 관심을 두지 않았던 것이 후회되었다.

"제가 잘나가는 회사를 과감히 버리고 후회 없이 이 일을 선택한 이유는 간단합니다. 스티브 잡스는 2005년 스탠퍼드 대학 연설에서 '자신이 생각하기에 가장 훌륭한 일, 사랑할 수 있는 일을 하는 것이 일에 만족할 수 있는 유일한 방법'이라고 이야기했습니다. 저도 동감했고요. 이 일이 제가 할 수 있는 '가장 훌륭한 일'이라고 판단했고, 지금도 그렇게 생각합니다. 취업 컨설팅과 커리어 컨설팅은 '사람의 인생을 바꾸는 일'이며 사명감을 가지고 해야 하는 일입니다. 우리나라의 취업 상황이 어렵고 대학생들을 비롯한 구직자들이 양질의 취업 관련 서비스를 누리지 못하는 사실은 안타깝지요. 이는 앞으로 우리 사회가 꾸준히 개선해 나가야 하는 부분이기도 합니다. 그러나 근본적인 변화가 있기 전까지 누군가는 이러한 서비스를 '제대로' 제공하여 수많은 취업 준비생들에게 도움을 주어야 한다고 생각했습

니다."

자신의 사업 분야에 대해 애정을 갖고 확신에 차서 이야기하는 홍 대표를 보며 승호는 부럽다고 생각했다. 자신을 비롯하여 수많은 사람들이 대기업이라는 한 방향으로만 달려가고 있는데, 기존에 없던 새로운 길을 개척하고 하나의 분야를 만들어 간다는 점이 대단해 보였다.

'그래, 이분이라면 내가 믿고 의지할 수 있을 것 같아.'

승호는 홍 대표의 회사 웹사이트에 왜 그토록 많은 사람들이 고마움을 담은 글을 올렸는지 알 수 있을 것 같았다. 승호는 앞으로 진행될 컨설팅에 대한 기대로 가슴이 뛰었다.

취업의 정답

"본격적으로 컨설팅을 시작하기 전에, 한 가지 질문을 합시다. 승호 씨는 취업을 해서 회사에 간다는 것이 무엇이라고 생각하나요?"

승호는 뜻밖의 질문에 당황스러웠다.

"회사를 간다는 것은 자아실현을 하는 길이라고 생각합니다."

가장 멋져 보이는 말을 고심한 끝에 '자아실현'이라는 단어가 떠올랐다.

"자아실현? 직장에서의 자아실현이라……. 구체적으로 무슨 뜻이죠?"

"직장에서 저의 꿈을 이루어 나가는 것이라고 생각합니다."

일단 이야기를 이어 나가는 것이 중요하다고 생각해서 대답은 했지만 확신은 없었다. 당연히 졸업하면 취직을 해야 한다고만 생각했지, 그 본질에 대해 깊이 생각해 본 적은 한 번도 없었던 것이다.

"취업에 대해 더욱 깊이 있고 현실적인 시각을 갖는 것이 필요합니다. 그래야만 실제 취업에 있어서도 더 좋은 결과를 얻을 수 있을 뿐만 아니라, 궁극적으로는 입사 후 직장 생활에서 성공하고 만족스러운 회사 생활을 할 수 있습니다."

'직장 생활에서 성공할 수 있다고? 지금 당장 취업이 급한데 그런 것까지 따질 필요가 있을까?'

마음을 읽은 것인지, 홍 대표는 승호의 생각을 이미 알고 있다는 듯 이야기를 이어 나갔다.

"지금 당장은 취업에 성공하는 일이 중요해 보일 겁니다. 하지만 취업을 하고 나서 사회생활이 시작되면 그때부터 또 다른 경쟁이 펼쳐집니다. 신입 사원 때에는 겉으로 드러나지 않지만, 시간이 갈수록 동료들 사이에서도 경쟁이 치열해집니다. 그러니 취업은 시작에 불과하지요. 지금은 취업하면 모든 일이 해결된다고 생각할 수 있습니다. 승호 씨의 인생에서 지금이 매우 중요한 시점인 것은 분명하지만, 더 큰 관점에서 본다면 취업을 하는 이 시점은 결국 어린 시절부터 지금까지, 그리고 향후 은퇴할 때까지 승호 씨의 인생에서 끊임없이 마주치게 되는 경쟁 중에서도 극히 일부분에 불과합니다."

승호는 홍 대표의 말을 어렴풋이 이해할 수 있을 것 같았다. 대학에 입학하기 전에는 모든 일이 대학으로 결정되는 줄로 알았지만, 막상 대학에 들어오니 더 많은 고민과 어려움이 기다리고 있었다. 이제 취업하고 나면 그 이후에는 더 크고 어려운 도전이 기다리고 있을 것이 분명했다.

"취업과 직장 생활의 본질은 경쟁입니다. 피비린내 나는 전쟁에서 살아남기 위해 죽을힘을 다해 싸우는 것이지요. 경쟁에서 승리하는 사람이 취업할 것이고, 직장 생활 또는 사회생활에서의 경쟁에서 승리하는 사람이 승진하고 성공합니다. 이것은 자아실현과는 별개의 문제입니다. 더 중요한 것은 이 경쟁의 규칙을 정하는 데 우리가 참여하지 않는다는 것입니다. 이 경쟁의 원칙은 전적으로 기업이 결정합니다.

기업 또한 다른 기업과의 경쟁에서 살아남고 이윤을 극대화하여 지속적으로 성장해야 하는 숙명을 안고 있습니다. 신입 사원을 모집할 때에는 '인재 제일주의'나 '회사 구성원의 성장'과 같은 거창한 목표를 내세우지만, 실제로 속을 들여다보면 '인적 자원을 어떻게 활용하여 최대의 이윤을 창출하느냐'가 채용의 목표인 셈입니다. '최대한 좋은 인재를 선발해서 적절한 곳에 배치하고 열심히 일을 하도록 해서 지급하는 연봉보다 더 많은 가치를 창출한다.' 이것이 채용을 바라보는 기업의 현실적인 시각이라고 봐도 될 겁니다."

승호는 혼란스러웠다.

'지금까지 기업의 인재 채용에 대해 너무 좋게만 보고 있었던 것일까?'

홍 대표는 커피를 한 모금 마시고 말을 이었다.

"사회에 대해 긍정적인 사고를 갖는 것은 매우 중요한 일이고, 성공한 사람들은 대부분 긍정적인 사고방식을 갖고 있습니다. 하지만 더 중요한 것은 성공한 사람들이 사회의 긍정적인 부분과 부정적인 부분을 모두 이해하고 있다는 사실입니다. 기업의 채용도 마찬가지입니다. 기업의 긍정적인 모습과 부정적인 모습 모두를 이해해야 한다는 말이지요."

승호는 알 듯 말 듯한 표정을 지었고, 홍 대표는 부드럽게 웃음을 지었다.

"취업을 전쟁에 비유했지만, 한 명의 여성을 쟁취하기 위해 여러 남성들이 경쟁하는 상황에 비유하면 더 이해하기가 쉬울 겁니다. 우선 경쟁자들의 장점과 단점을 알아야 합니다. 집안이 좋고 돈이 많은 남자도 있고, 머리가 좋기 때문에 장래가 촉망되는 남자도 있고, 성실하고 진실한 면으로 승부하는 남자도 있을 것입니다. 그리고 그 여성이 원하는 것, 원하지 않는 것, 장단점 등 그 여성에 대해 최대한 많은 것을 알고 있어야 합니다. 중요한 것은 선택하는 기준을 그 여성이 정한다는 사실이며, 그 남성이 '실제로 어떠한 사람인가'에 못지않게 '어떤 사람으로 보이는가'가 중요합니다. 이것은 취업을 준비하는 데 있어서도 매우 중요하지요."

승호는 '어떻게 보이는가'가 '실제로 어떤 사람인가'보다 중요할 수가 있다는 사실에 조금 놀랐다.

"그렇기 때문에 무조건 스펙을 쌓고, 남들이 좋다고 해서 전부 따라 하는 것이 중요하지 않을 수도 있다는 것입니다. 기본적인 자격은 중요합니다. 하지만 '다다익선'이 취업 준비의 정답은 아닙니다. 앞으로 컨설팅을 진행하면서 이 개념에 대해 설명해 드릴게요. 아참, 진아가 컨설팅 조건에 대해 이야기했나요?"

"아, 네. 그 조건이라면…… 진아에게 들었습니다. 자신을 바꾸기 위해 최선을 다해야 한다는 것 말인가요? 단단히 각오가 되어 있습

니다."

"좋습니다. 그렇다면 본격적인 스케줄을 정하기 전에 과제를 내겠습니다."

과제라는 말에 승호는 긴장하여 침을 꿀꺽 삼켰다.

"다음에 만나기 전까지 자신이 가장 관심을 가지는 산업과 대표적인 회사를 정해 보고, 그 회사의 현안과 향후 전략을 정리해서 프레젠테이션할 수 있도록 준비하세요."

승호는 며칠 동안 고민에 빠졌다. 아무리 고민해도 홍 대표가 내준 과제에 어떻게 접근해야 할지 감이 오지 않았다.

"처음부터 이렇게 어려운 과제를 내다니. 마땅히 관심 있는 회사도 없지만, 어떻게든 하나를 정한다고 해도 향후 전략을 어떻게 수립하라는 거야? 이렇게 어려운 주제를 잘 정리할 수 있으면 굳이 도움을 받으러 갔겠냐고. 게다가 가장 어려워하는 프레젠테이션 발표까지 준비해야 한다니……. 혹시 컨설팅해 주기 싫어서 그러는 건 아닐까?"

어느새 내일이 홍 대표를 만나기로 한 날이다. 학교 도서관에서 새벽부터 오전 내내 머리를 싸매고 고민하면서, 관심 있는 회사를 정하고 인터넷에서 자료를 수집하여 그 기업의 현재 상황을 어느 정도 정리할 수 있었다. 하지만 아무리 고민해도 향후 전략을 수립하기는 어려웠다. 머릿속에 몇 가지 아이디어가 떠올랐지만, 너무 뻔

하거나 유치한 것 같아서 프레젠테이션을 할 만한 수준은 아니라는 생각이 들었다.

'괜히 어설프게 준비해 갔다가 창피만 당하는 거 아닐까? 컨설팅은 포기하고 혼자서 준비할까?'

이런 생각마저 하고 있는데, 진아에게서 문자메시지가 왔다.

'지금 도착했어.'

오전 내내 고민해서 점심때까지는 무조건 과제를 마치고 오후에는 진아와 간만에 즐거운 시간을 보내려 했는데, 승호는 진아를 만나러 나가는 길에도 마음이 편하지 않았다.

"오빠, 컨설팅은 잘 진행되고 있는 거야?"

진아가 웃으며 물었다.

"잘되다니, 말도 마라. 잘못하면 시작도 못하게 생겼어. 대표님이 처음부터 과제를 너무 어려운 걸 내주는 바람에 말이야."

"어떤 과제인데?"

"가장 관심 있는 회사의 현황을 파악하고 향후 전략을 수립하라는 건데, 게다가 프레젠테이션을 하라는 거야! 취업 준비를 하긴 했지만 아직까지 지원 분야나 가고 싶은 회사도 정한 적이 없고, 전략 수립이라는 주제 자체도 너무 어려운 것 같아. 그리고 너도 알다시피 내가 프레젠테이션에 특히 약하잖니."

승호의 이야기를 듣던 진아가 갑자기 깔깔대며 웃었다.

"호호호, 오빠도 그 숙제 받았구나."

"어? 너도 그 숙제 받은 적 있어?"

"응, 취업과 진로에 대해 고민하다가 사촌오빠를 찾아갔을 때 처음으로 내준 과제가 그거였어. 나도 한참 고민하다가 결국 전날 밤새 만들어서 발표했지. 오빠도 고생 좀 해 봐, 호호호."

"그러지 말고 한번 해 봤으면 어떻게 해야 할지 좀 알려 주라. 벌써 며칠째 잠도 제대로 못 잤는데, 진도는 안 나가고 정말 미칠 노릇이다."

"오빠, 부담은 갖지 않는 게 좋아. 홍 대표님도 오빠가 완벽히 준비해 올 거라고 기대하진 않을걸? 오빠의 현재 수준이 어느 정도인지 파악하는 것이 목적일 거야. 열의를 보이고 최선을 다하는 것이 중요하니까 너무 고민하지 말고 할 수 있는 만큼 해서 잘 정리하면 될 거야."

"그런가?"

승호는 진아의 말에 마음이 조금은 편해졌다. 무엇보다도, 본격적으로 시작도 하기 전에 포기할 수는 없었다.

'그래, 우선 부딪쳐 보는 게 중요하잖아! 내일까지 무조건 완성해서 발표해 보는 거야!'

스스로 한계를
만들지 마라

"이상, A기업의 현안과 향후 전략에 대해 발표했습니다……. 들어 주셔서 감사합니다!"

발표하는 5분은 어떻게 지나갔는지 기억이 안 날 정도로 긴장되는 시간이었다.

"수고하셨습니다."

발표를 마친 후, 홍 대표의 밝은 표정을 보며 승호는 안도의 한숨을 쉬었다.

"좋습니다. 개선할 점이 많다는 것은 발전할 여지가 많다는 뜻이기도 하지요. 우선 '프레젠테이션' 과제는 합격입니다. 10분 정도 쉬고 나서 이야기를 나누시죠."

'야호! 합격이다!'

승호는 밤을 샌 피로도 모두 잊을 만큼 기뻤다.

승호는 취업 컨설팅을 본격적으로 시작하기 전에 예전부터 항상 궁금하게 생각하던 것부터 물어보고 싶었다. 자신의 스펙으로 과연 어느 회사에 지원해야 할까?

"대표님, 저는 어느 회사에 지원해야 할까요?"

"실제로 가장 많이 받는 질문 중 하나가 방금 승호 씨처럼 '어느 회사까지 지원이 가능할까요?'와 같은 겁니다. 가장 난감한 질문이기도 하지요."

홍 대표는 승호를 바라보고 웃었다.

"승호 씨, 만약 제가 가능성이 높은 회사들을 알려 준다면 그 회사들을 위주로 지원하려 하겠지요?"

"네, 현실적으로 합격할 만한 회사에 집중해야 할 것 같아서요."

승호는 한 회사, 한 회사 지원하는 것이 고역이었던 지난 학기를 생각하면 진저리가 났다. 그 때문에 홍 대표에게 조언을 받아 지원 회사의 범위를 좁히고 싶었던 것이다.

"'가능성이 높은 회사'와 '가능성이 낮은 회사'를 알려 주는 것이 오히려 승호 씨에게 안 좋은 영향을 끼칠 수 있기 때문에 저는 알려 주지 않을 생각입니다."

"가능성이 낮은 회사에 굳이 지원할 필요가 없지 않나요? 그렇지 않아도 취업 시즌에는 한참 바쁜데……."

"잘못된 생각입니다. 물론 자신에게 적합한 분야와 직무 그리고 해당 분야 회사들을 정리해 보는 것은 중요합니다. 하지만 '가능성이 높거나 낮은 회사'를 미리 정하는 것은 좋지 않은 방법입니다. 대학 입시에서 '나의 수능 점수와 내신'에 '어느 대학'을 지원하는 것이 적합한지 알고 싶어 하는 것과 마찬가지로, 많은 지원자들이 취업 활동에서도 '나의 스펙'에 '어느 회사'를 지원하는 것이 적합한지 알고 싶어 합니다. 물론 기업들도 학교, 전공, 학점 등 '가시적인 스펙'을 중요시하는 경향이 있고, 현실적으로도 중요한 부분입니다. 하지만 원칙적으로 기업은 '스펙' 외에도 다양한 부분을 고려합니다. 실제로 스펙만 봐서는 아무도 합격할 것이라고 예상하지 못했던 사람들이 유수 기업에 합격하는가 하면, 화려한 스펙만 봤을 때는 누가 봐도 합격 가능성이 높다고 생각했던 사람들이 면접에서 떨어지기도 하는 것이 그 증거이지요."

"하지만 가능성이 낮은 회사에 쏟을 시간과 노력을 가능성이 높은 회사에 더 쓰는 것이 좋지 않을까요?"

승호는 아무래도 걱정스러운 눈치였다.

"승호 씨, 아무리 가능성이 낮더라도 좋은 기업에 대한 희망을 미리 포기하면 안 됩니다. 취업은 끊임없이 거절당하는 상황의 반복입니다. 앞으로 많은 회사에 지원하고 떨어지는 것을 경험할 텐데, 이는 원하는 회사에 합격하기 위해 반드시 거쳐야 하는 과정입니다. 실제로 제가 지도했던 학생 중에서 부족한 학력과 영어 점수로도 최선을 다해서 결국 유명 글로벌 기업에 합격한 사례를 수도 없이 봤습니다. 그러니 단 한 명의 사례가 있더라도 희망을 가져야 하는 것입니다. 그렇기 때문에 저는 취업 준비생들에게 '합격 가능성이 높거나 낮은 회사명'을 알려 주지 않습니다. '합격 가능성이 낮은 회사'라고 인식하는 순간, 지레 겁을 먹고 해당 기업에 대한 취업 준비에 최선을 다하지 않게 되기 때문입니다."

승호는 그제야 홍 대표의 뜻을 이해할 수 있었다.

'나는 스스로 한계를 그어버리려 했던 것은 아닐까?'

"이제부터 마음을 굳게 먹어야 합니다. 채용 사이트에 채용 정보가 올라오는 모든 회사들을 하나하나 빠짐없이 살펴보고, 가급적이면 많은 회사에 100% 최선을 다해 지원한다는 마음가짐을 가져야 합니다. 자신의 스펙이나 주변의 기대보다 좋은 회사에 합격한 사람들은 모두 '나는 이 회사에 반드시 합격할 수 있다!'라는 마음가짐으로 최선을 다한 사람들입니다."

"네, 이제야 대표님의 뜻을 알겠습니다."

한 회사, 한 회사에 최선을 다하기 위해서는 스스로 한계를 짓지 말아야 한다는 홍 대표의 말이 가슴 깊이 와 닿았다.

"스스로를 믿지 못하고 자신감을 갖지 못하는 사람이라면 다른 사람들, 특히 면접관들은 몇 번의 대화만으로 대번에 이를 눈치챕니다. 반드시 명심해야 합니다."

'스스로를 믿는다. 그리고 최선을 다한다.'

승호는 이 말을 마음속으로 되뇌고 있었다.

취업 컨설팅이란 무엇인가?

취업 컨설팅이란, 특정 회사와 직무에 지원하는 지원자를 대상으로 그들의 경험과 역량을 최대한 활용함으로써 서류와 면접이라는 취업 프로세스에서 합격 확률을 극대화할 수 있도록 돕는 서비스다.

일반적인 취업 관련 서비스는 단편적인 직업 정보를 제공하거나, 심리적인 안정을 위한 취업 상담 또는 특정 요건을 갖춘 인력과 이들을 찾는 회사를 연결해 주는 역할에 그친다면, 진정한 의미의 취업 컨설팅은 ① 충분한 역량을 갖춘 취업 컨설턴트가 상담을 통해 지원자의 경험을 철저히 분석한 후, ② 지원자의 적성, 조건 및 역량에 적합한 산업, 회사, 직무를 제안하고, ③ 체계적이고 철저한 교육 프로세스를 거쳐 지원자의 취업 역량을 극대화하는 것이다.

효과적인 취업 컨설팅이 되려면 무엇보다도 취업 컨설턴트의 역량이 중요하다. 취업 컨설턴트는 지원자의 다양한 개인적 경험을 사회 및 회사의 시각으로 정확히 분석함으로써 지원자의 핵심 역량과 강점을 정확히 뽑아낼 수 있어야 하며, 다양한 산업, 회사, 직무를 연구하여 산업의 최신 동향, 목표 회사의 사업 모델, 해당 직무와 사업의 본질 등의 정보를 확보하고 있어야 한다.

더불어 체계적인 교육 프로그램을 통해 자기소개서나 면접에서 지원자의 역량을 극대화할 수 있어야 하므로 효과적인 지도 능력과 함께 지원자의 경험을 적절한 스토리로 뽑아낼 수 있는 스토리텔링 능력, 탁월한 커뮤니케이션 능력 등을 기본적으로 갖추어야 한다. 또한 지원자가 제공한 취업 관련 개인 정보를 기반으로 진행하므로, 지원자 개개인의 사생활을 존중하는 책임감과 전문직으로서의 자부심, 교육자로서의 자긍심을 가지는 것이 중요하다고 할 수 있다.

'취업 성공'이라는 실질적인 결과를 얻기 위해서는 개별 회사들의 채용 프로세스에 적절히 대응하기 위한 '체계적인 교육 커리큘럼'이 필수적이다. '교육 커리큘럼'은 '고기를 잡아 주는 것'이 아니라 '고기를 스스로 잡는 법'을 알려 주는 데 그 핵심이 있다고 볼 수 있다. 예를 들어 자기소개서 컨설팅의 경우, 개별 회사 지원에 필요한 자기소개서를 '대필'해 주는 것이 아니라, 지원자가 자기소개서의 질문을 파악하도록 돕고 자신의 경험을 질문의 취지에 적합하게 해석할 수 있는 역량을 길러 주어야 한다.

'취업 컨설팅'과 같은 전문적인 취업 관련 교육 서비스는 아직까지 우리나라에서는 생소한 개념이지만, 경제 고도 성장 후 성장 둔화에 따라 취업난을 맞고 있는 국가들에는 일반화되어 있는 서비스로, 우리나라에서도 장차 수요가 많아질 것으로 예상된다.

업계 선배 방문의 중요성 및 준비 사항

취업 준비를 시작할 때 가장 먼저 해야 할 일 중 하나는 바로 다양한 업계에서 근무하고 있는 선배들을 만나는 일이다. 선배 방문이 중요한 이유는 다음과 같이 정리해 볼 수 있다.

첫째, 다양한 분야에서 근무하고 있는 업계 선배들과 만나면 해당 분야의 현황과 전망을 깊이 있게 파악할 수가 있기 때문에 유망한 분야를 파악하는 데 도움이 된다. 일반적으로 텔레비전이나 신문 등 언론에 소개되는 회사나 업계에 대한 기사는 특정 부분만 부각하는 경우가 많기 때문에 업계나 회사를 전체적으로 이해하기가 어렵다. 또한, 자기소개서 준비나 면접 등 입사 지원의 실전에서도 웹사이트나 기사에서 파악한 내용만 가지고는 다른 지원자들과 차별화하기 어려운 한계가 있기 때문에 선배 방문을 통해 적극적으로 정보를 습득해야 한다.

둘째, 선배와의 진솔한 대화를 통해 회사 생활을 하면서 느끼는 장단점과 실제 업무 내용을 알 수 있다. 물론 입사 지원자 입장에서 업무에 대한 내용을 속속들이 알 필요는 없지만, 해당 업무를 기본적으로 이해하고 현실적으로 인식하는 것은 매우 중요하다. 또한 기업의 입장에서도 지원자가 특정 업무에 대해 불필요한 환상을 지닌 채 입사하는 것을 원치 않는다. 무엇보다도, 지원 분야를 정확히 이해하는 것은 자신의 적성과 역량에 맞는 분야에서 일하고 장기적으로 좋은 성과를 내기 위해서도 중요하다.

셋째, 해당 기업에 입사한 사람들과의 대화를 통해 채용 트렌드나 자기소개서, 면접 등 지원 과정에 필요한 핵심적인 정보를 얻을 수도 있다. 선배가 지원했을 때 주의를 기울였던 부분이나 최근에 입사한 신입 사원의 특징 등을 파악할 수 있다면 실질적인 도움이 될 것이다. 일부 외국계 기업의 경우에는 그 회사만의 서류 작성 및 면접 요령 자체가 합격하는 데 중요한 정보가 되는 경우도 있다.

이렇게 선배를 찾아갈 경우에 해당 업계와 회사에 대해 대화를 나눌 수 있도록 사전 조사 및 준비를 할 필요가 있다. 해당 분야에 대해 무지한 상태로 가는 것은 귀중한 시간을 내주는 선배에게 결례가 된다. 그리고 이력서나 자기소개서 등의 서류를 작성해 간다면 간단하게 첨삭 지도를 받을 수도 있으므로 가급적이면 준비하도록 하자.

Part 3

진로 결정,
취업의
길을
밝히다

부러우면 지는 거다

"주문하신 아이스 카페모카 나왔습니다!"

오늘따라 날씨가 더워서 그런지, 찬 음료 주문이 많아서 커피 전문점이 더 분주한 것 같다. 승호가 커피 전문점에서 아르바이트를 한 지도 벌써 2년째다. 용돈 벌이도 하고 등록금에도 보태려고 시작한 주말 아르바이트였는데, 이제는 일에도 익숙해지고 생활이 되었다. 졸업하고 나서 수업을 듣지 않게 되니 이전보다 시간이 많은 것은 사실이었지만, 현재 하는 아르바이트도 그만두고 시간을 좀더 확보해서 취업 준비에 매진하는 것이 옳았다. 그러나 승호는 점장에게 주중에도 추가 근무를 부탁해서 오히려 아르바이트 시간을 늘렸다. 여동생 승혜가 대학교 등록금을 마련하기 위해 여러 가지 아르바이트로 고생하고 있는데, 취업 준비를 한답시고 여유 있게 지낼 수는 없었기 때문이다. 승호도 대학교를 다니면서 항상 아르바이트를 해서 용돈을 벌었지만, 그래도 군대 가기 전에는 아버지가 회사에 다니고 있어서 등록금을 걱정하지는 않았다.

그러나 승혜는 상황이 달랐다. 아버지가 퇴직했을 때 승혜는 고 3이었고, 승혜의 대학 입학과 동시에 온 가족이 승호와 승혜 두 명의 등록금을 내야 한다는 고민에 휩싸였다. 게다가 대학교 등록금은 매년 꾸준히 올라서, 승혜는 결국 학자금 대출을 받을 수밖에 없었다. 다행히 승혜는 꿋꿋하게 헤쳐 나가고 있었다. 늘 아르바이트를 한두 개씩 하면서도 밤잠을 줄여 가며 지독하게 공부한 덕분에 학점은 상위권을 유지하고 있었다. 승호는 그런 여동생이 참으로 대견했다.

'나와 승혜도 진아나 지훈이처럼 좀더 여유 있는 집안에서 태어났으면 어땠을까?'

아르바이트를 마치고 옷을 갈아입으면서 승호는 생각했다.

'여유 있는 집안에서 태어난 친구들은 아르바이트를 하지 않아도 학비 걱정이 없으니 학점 관리도 더 잘할 수 있고, 영어 공부도 열심히 해서 토익 성적도 잘 받을 수 있잖아. 나도 지훈이처럼 유학을 갔다 오거나 진아처럼 교환 학생이라도 했으면 영어를 잘할 수 있었을 텐데.'

그렇지 않아도 여러 가지 면에서 현재 승호를 한참 앞질러 가고 있는 진아와 지훈, 지금 이 순간에도 더 많은 시간을 자기계발에 투자하고 있는 그들을 따라가기에 절대적인 시간이 부족한 자신의 현실……. 승호는 문득 자신의 처지가 서러웠다.

❖❖❖

승호가 진아와 지훈이 함께 하는 취업 스터디에 계속 참가할 수 있었던 것은 역시 진아의 노력 덕분이었다. 승호는 진아의 설득에 못 이겨 일주일 만에 지훈이와 화해하고 다시 참여하게 되었다. 그 이후에도 승호와 지훈은 계속 티격태격했지만, 그래도 예전에 비해 냉랭한 기운은 많이 사라졌다.

그러나 지훈은 오늘도 스터디를 마치면서 독설을 날렸다.

"발표하기로 한 내용을 제대로 조사해 왔어야지. 뭐야, 너 프리 라이더Free Rider냐? 어젯밤에 도대체 뭘 했기에 아까 토론하는 중에도 내내 졸기만 하고."

아르바이트 시간이 늘어나서인지, 아니면 더위를 먹은 것인지 요즘 들어 승호는 체력이 많이 떨어졌다고 느꼈다. 승호가 주말 아르바이트를 하고 있는 것을 진아와 지훈도 알고 있었지만, 주중에도 아르바이트 시간을 늘린 것은 알지 못했다. 그렇지 않아도 아르바이트 시간을 줄이고 취업을 준비하라는 진아와 지훈에게 승호는 구구절절 자신의 상황을 설명하고 싶지는 않았다.

스터디가 끝나고 자리를 정리하던 중에 지훈이 불쑥 이야기를 꺼냈다.

"그나저나 지난번에 이야기한 회사 있잖아, 면접 보러 오라고 하더라. 나는 관심 없어서 서류도 안 냈는데, 아버지께서 이야기해 두셨는지 어제 갑자기 전화가 왔어. 아버지 체면이 있으니 안 가겠다고 할 수도 없고, 아주 난감한 상황이다. 그래서 예의상 갔다 올까 고민 중이야.”

이 말을 들으니 승호는 피가 거꾸로 솟는 것 같았다.

‘나는 그 정도 회사라면 ‘감사합니다’ 하고 당장 뛰어갈 텐데, 예의상 면접에 가려고 한다니. 그것도 스스로 지원도 하지 않았는데 오라고 했다고? 아버지 잘 만나서 너는 좋겠다. 아, 불공평한 세상.’

진아도 승호가 기분 나빠하는 것을 눈치챘는지, 지훈이 모르게 승호에게만 찡긋 윙크를 날리고 말을 꺼냈다.

“어머, 지훈 오빠는 좋겠다. 면접이라도 한번 가 봐. 마음에 들 수도 있잖아. 내가 대신 가고 싶네, 호호호.”

승호도 화를 누르며 말을 꺼냈다.

“그래, 나중에 면접 보는 연습도 필요한데 한번 가 보지그래?”

“뭐, 집에서도 가깝고, 나도 면접 연습하는 셈 치고 갔다 오려고. 그런데 면접 갔다가 덜컥 합격되면 어쩌지? 되고 나서 안 가겠다고 하기는 더 곤란한데. 돼도 걱정이다, 돼도 걱정이야.”

덕분에 승호는 그날 최악의 기분으로 스터디를 마쳤다.

집으로 돌아가는 길에 승호는 참으로 우울했다.

‘돼도 걱정이다, 돼도 걱정이야.’

지훈의 마지막 말이 승호의 귓전을 맴돌았다.

‘돼도 걱정이라고? 재수 없는 자식.’

지하철을 타고 한참 가고 있는데 문자메시지가 도착했다.

‘홍 대표입니다. 다음 시간까지 읽어 오면 좋을 참고 서적을 알려드릴 테니, 시간이 괜찮을 때 통화 한번 합시다.’

승호는 바로 전화를 걸었다. 홍 대표로부터 몇 가지 책을 소개받고 전화를 끊으려다 보니, 다음 전철역이 홍 대표의 사무실이 있는 강남역이었다.

"대표님, 바쁘시겠지만 괜찮으시면 지금 잠시 들러도 될까요?"

"내일 오전에 컨설팅인데 오늘 좀 쉬어야 하지 않겠어요? 이미 늦은 시간인데. 뭐 할 말 있어요?"

"아닙니다. 바쁘실 텐데 제가 괜한 말씀을 드렸네요."

"근처예요?"

"네, 다음 역이 강남역입니다."

"아, 그래요? 그럼 저녁이나 같이 합시다. 제가 사지요!"

"정말요? 와, 감사합니다!"

승호가 워낙 큰소리로 말하는 바람에 콩나물시루 같은 퇴근길의 사람들이 승호를 쳐다보았다.

홍 대표는 사무실 근처의 단골 식당으로 승호를 데리고 갔다.

'사무실에서 뵈었을 때는 엄청 딱딱하게 보였는데, 이런 자리에서는 또 편하게 대해 주시네.'

승호는 사무실이 아닌 사적인 자리에서 홍 대표와 함께 있으니 마치 친한 형처럼 느껴졌다.

"그래, 고민이 뭡니까?"

웃음을 머금고 홍 대표는 승호에게 물었다.

"그게…… 오늘 사실은 이런 일이 있었습니다."

승호는 오늘 취업 스터디에서 지훈이 했던 이야기를 하며 공정해야 할 기업 채용이 불공평하게 돌아간다는 사실에 크게 놀라고 실망했다고 이야기했다. 워낙 편한 분위기의 식사 자리였기 때문에, 승호는 자신의 가정환경과 아르바이트를 해야 하는 상황까지 털어놓았다. 어차피 컨설팅을 진행하려면 자신의 상황에 대해 언젠가는 이야기해야겠다고 생각하고 있었는데, 이번 기회에 자연스럽게 이야기하게 되어 오히려 잘되었다는 생각이 들었다. 한참 동안 진지하게 듣고 있던 홍 대표는 승호에게 이야기를 꺼냈다.

"기업은 모든 지원자들에게 공평하지는 않습니다."

홍 대표의 말에 승호는 흥분했다.

"하지만 상식적으로 생각할 때 능력에 따라 공정하게 평가해야 기업에도 좋지 않나요? 그래야 기업도 더 발전할 테고요."

"이상적인 세상에서는 가능하겠죠. 하지만 현실은 그렇지 않습니다. 물론 기업이 지속적으로 발전하기 위해 기본적으로 '우수한 역량을 가진 직원'이 반드시 필요합니다. 하지만 기업은 사람을 뽑을 때 꼭 능력만 보고 뽑을 수는 없습니다. 회사는 '사업'을 잘하는 것이 목적이기 때문에 지원자의 능력 외에도 채용 시 여러 가지 부분을 고려해야 하죠. 자세히 이야기할 수는 없지만, 정부나 거래처와의 관계뿐만 아니라 회사에서 공을 세운 고위 임원들의 충성도 등 많은 부분을 고려해서 지원자를 채용합니다. 이는 명백한 현실입니다. 그리고 이를 비난하는 것은 자유이지만 실제로 이러한 관행을 바꾸는 것은 어렵습니다. 기업은 그들의 잣대에 따라 사람을 평가하고 채용하니까요. 게다가 요즘은 연줄이 있는 지원자라도 역량이 부족하지 않은 경우가 많습니다. 배경이 든든한 집안일수록 더 많은 공을 들여서 자식들에게 좋은 교육을 시키니까요."

홍 대표의 말을 듣고 생각해 보니 지훈도 승호에 비해 결코 역량이 떨어지지 않았다. 기본적인 조건으로 보면 승호보다 훨씬 낫다고 봐야 했다.

'그렇다면 결국 가진 자와 못 가진 자의 격차는 점점 더 커질 수밖에 없는 걸까?'

"하지만 기업도 발전하기 위해서는 실력을 갖춘 사람을 반드시 뽑아야 합니다. 그리고 저는 어려운 환경에서도 충실하게 준비해서 보란 듯이 훌륭한 기업에 합격한 사람들을 수도 없이 봐 왔습니다. 우리는 그런 기회를 잡기 위해 최선을 다해야 하는 겁니다. 분명히 기회는 있습니다. 자신이 바꾸지 못하는 부분까지 고민하지는 마세요."

'그렇다. 기업은 그들의 기준으로 사람을 평가한다. 이건 어쩔 수 없는 현실이야. 나는 공정하게 경쟁할 수 있는 기회에 최선을 다하고 당당하게 겨루면 된다.'

"실제로 진학과 채용 등 음으로, 양으로 부모의 혜택을 많이 받는 사람들은 취업에 대한 막대한 지식과 정보가 이미 체화되어 있는 경우가 많습니다. 가정교육과 인맥, 유학 등 다양한 형태로 그 내용이 전달되기 때문이지요. 저는 이러한 지식과 정보의 혜택을 더 많은 사람이 누릴 수 있어야 한다고 생각하기 때문에 취업 교육의 기회를 넓히는 것이 매우 중요하다고 느낍니다. 그래서 취업 컨설팅을 비롯해서 오프라인 및 온라인을 통해 이러한 지식과 정보를 더 많은 사람들에게 제공하려는 계획을 갖고 있습니다."

홍 대표는 진지한 표정으로 이야기했다.

'대표님은 일반인들이 생각하는 것과 다르게 취업 교육과 취업 컨설팅을 바라보고 있구나. 대표님의 계획대로 지금보다 더 많은 사람들에게 이러한 정보의 혜택이 주어진다면 사회적으로 많은 변화가 일어날 수 있겠다.'

그렇게 홍 대표와 승호가 함께하는 한여름의 저녁은 저물어 가고 있었다.

진로 설정은
취업 준비의 시작이다

드디어 본격적인 컨설팅 첫날의 아침이 밝았다.

'오늘따라 상쾌한 아침이네!'

승호는 평소보다 많이 자지는 못했지만 유난히 상쾌하게 느꼈다. 그동안 막연하게 생각했던 취업에 대해 새로운 희망을 가지게 되어서일까?

"안녕하세요, 대표님!"

"네, 안녕하세요. 오늘따라 씩씩한 모습이 보기 좋네요. 오늘은 취업 준비를 어떻게 시작해야 하는지에 대해 이야기해 봅시다. 승호 씨는 취업 준비를 시작할 때 무엇부터 해야 한다고 생각하나요?"

"음, 토익 시험 같은 영어 공부가 아닐까요? 어딜 가도 영어 성적은 준비해 둬야 하니까요."

승호가 머리를 긁적이며 대답했다.

"하하, 영어 성적도 당연히 중요하지만, '진로 설정'이라는 근본적인 질문에 답할 필요가 있습니다. 자신을 철저히 분석하고 명확히 파악하는 것, 그리고 이에 따라 어떤 직업을 중점적으로 지원할 것인가를 파악해야 합니다."

"아, 그리고 보니 예전에 대학교 취업지원센터에서 진로 지도 프로그램에 참가한 적이 있어요."

"학교에서 어떤 식으로 프로그램이 진행되었나요?"

"심리 검사를 받고 그 결과에 따라 몇 가지 지원 분야를 제안받았어요."

"심리 검사를 통한 진로 상담의 경우 '자신의 성격이 어떤 직업에 적합할까'라는 점을 파악하는 데 유용하지만, 객관적인 시각으로 비추어 볼 때 '내가 지원했을 때 합격할 가능성이 높은 직업이 무엇일까'를 파악하는 데에는 큰 도움을 주지 못합니다. 그리고 단편적인 심리 검사만으로는 '자신의 성격이 어떤 직업에 적합할까'에 대한 대답을 찾기 어려운 경우도 많은데, 대부분의 심리 검사의 해석에는 최근의 다양한 직업과 직무의 경향이 반영되지 않아서 현실성이 떨어지는 경우가 많기 때문입니다. 대부분의 심리 검사가 오래전에 외국에서 만들어졌기 때문에 그 당시 그 국가에서 유행하던 직업군 위주로 해석 결과가 제시되는 경우가 많습니다. 따라서 심리 검사는 참고 자료는 될 수 있지만 그것만으로 진로의 방향을 정하기는 어렵습니다."

"그리고 보니 저에게도 적합한 직업으로 몇 가지를 추천해 주었는데, 제가 선택할 수 있는 직업은 아니었어요."

"그리고 진로 결정에 있어서 또 한 가지 중요한 것은 '내가 지원했을 때 합격할 가능성이 높은 직업이 무엇일까'를 파악하는 부분인데요, 이를 위해서는 회사들이 지원자들을 바라보는 객관적인 시각을 이해할 필요가 있습니다. 즉, 다양한 산업과 회사 및 직무에 적합한 자신의 역량을 발굴할 수 있는 능력이 있어야 하며, 다양한 지원자들의 취업 결과에 대한 객관적인 데이터를 분석해서 사회의 시각으로 봤을 때 해당 분야에 채용될 가능성이 있는지도 파악해야 합니다. 전부는 아니지만 일부 기업의 경우 학교, 전공, 학점 등에 따라 서류 통과 여부를 판별하기도 하기 때문에, 이런 부분은 지원 회사를 선정할 때 반드시 고려해야 할 사항입니다. 진로를 체계적이고 과학적으로 결정하기 위해서는 심리 검사에 대한 해석뿐 아니라 자신의 객관적인 역량을 파악하고 이에 적합한 산업과 회사, 직무를 고려할 수 있는 종합적인 능력이 필요한 것이죠."

"와, 취업의 시작인 진로 설정을 위해서도 정말 많은 정보가 필요하군요!"

"네, 맞습니다. 진로를 제대로 설정하고 취업 준비를 하기 위해서는 다양한 분야를 조사하고 연구해야 하는 이유가 여기에 있습니다."

"그렇다면 저는 진로를 어떻게 설정하는 것이 좋을까요?"

"몇 가지 심리 검사와 함께 승호 씨의 학교 및 전공 등 이력 사항, 과거의 다양한 경험, 성격적 특성과 커뮤니케이션 스타일 등을 종합적으로 고려하여 방향을 결정하게 될 겁니다. 물론 현재 자신이 가지고 있는 강점을 중점적으로 살펴보겠지만, 지금은 다소 부족하더

라도 앞으로 개선될 가능성이 있는 부분을 함께 고려하여 방향을 결정합니다. 우선 오늘은 심리 검사를 할 테니, 다음 시간까지 정해진 양식에 맞게 자신의 경험을 잘 정리해 오세요."

승호는 취업 준비에 있어서 미처 생각하지 못한 부분이 많다는 사실을 알고, 앞으로의 컨설팅을 더 기대하게 되었다.

대책 없이
졸업을 미루지 마라

저녁 식사를 하고 있는데, 홍 대표의 휴대폰이 울렸다. 진아의 아버지인 홍 대표의 이모부였다.

"어이, 홍 대표. 잘 지내지?"

"안녕하세요, 이모부. 어떻게 지내셨어요?"

"나야 항상 똑같지, 뭐. 요즘 경기가 안 좋아서 실적 부담이 크네. 그나저나 진아는 아직 도착 안 했나?

"네, 이따 저녁 이후에 들르기로 했습니다."

"응, 다른 게 아니라 요즘 그 애가 고민이 많아서 말이야. 오늘 좋은 이야기 좀 많이 해 줬으면 해서 전화했지."

"네, 이모부. 아까 전화로 이야기는 대충 들었습니다."

"자네도 알다시피 진아는 어렸을 때부터 효녀라서 부모 말 잘 들고 착실하게 자라 왔잖아. 워낙 애가 착하고 순하다 보니, 대학교에 입학한 후에도 대부분의 중요한 결정은 나와 자네 이모가 내려 줬지. 그 애가 대학 전공을 선택하는 것부터 고시 준비나 고시를 그만 둘 때에도 그랬고, 수강 과목 선택, 교환 학생, 동아리 선택처럼 많은 경우에 나와 자네 이모에게 물어보고 결정했다네. 그런데 후회되는 점도 있어. 사실 스무 살이 넘었으면 성인인데, 사회에 나가기 전에 스스로 중요한 의사 결정을 내릴 수 있는 기회를 빼앗은 건 아닌가 하는 생각도 들고. 특히 진아가 진로를 결정하면서 고민을 하니까 그런 생각이 많이 들어. 진아의 인생에서 가장 중요한 결정 중 하나인데 우리 때와는 많이 달라서 조언할 수도 없고, 부모이다 보니 자식에게 객관적으로 이야기하기 어렵기도 하고 말이야. 그래서 오늘 특별히 찾아가 보라고 했네. 잘 부탁하네."

"네, 알겠습니다. 잘 이야기해 보겠습니다."

홍 대표는 식사를 마치고 사무실로 돌아가며 곰곰이 생각했다. 최근 들어 부모님과 함께 찾아오는 대학생들이 부쩍 늘고 있다. 물론 부모님이 자식의 진로를 함께 고민하는 것은 자연스러운 일이지만, 부모님에게 지나치게 의존적이어서 진로 상담을 하면서 정작 학생은 거의 말을 하지 않고 부모님이 대화를 주도하는 경우도 있었다. 진로를 설정할 때는 적극적으로 인맥을 활용하고 정보를 파악하려는 자세가 상당히 중요하기 때문에, 진아와 같이 부모에게 의존하는 경향이 많은 학생들은 진로를 찾는 데 어려움을 겪기도 한다.

"오빠, 안녕하세요?"

"진아 왔구나. 요즘 바쁘지?"

"특별히 바쁜 일이 있다기보다 마음만 급한 것 같아요. 그런데 요즘 너무 고민이 많아서 바쁘신 것 알면서도 찾아왔어요. 실은 마지막 학기에 휴학하고 졸업을 미룰까 고민 중이에요."

"왜 갑자기? 졸업 학점도 거의 다 채우고, 그동안 취업 준비도 열심히 하지 않았니?"

"그렇긴 한데요, 막상 마지막 학기가 되니 취업도 걱정되고 해서, 시간을 좀더 가지고 진로도 고민하고 취업 준비도 더 철저히 하는 것이 어떨까 해서요."

걱정스러운 표정을 짓고 있는 진아에게 홍 대표는 이야기했다.

"많은 학생들이 마지막 학기가 되면 비슷한 고민을 한단다. 하지만 명확한 계획이 서 있지 않은 상태에서 휴학하면 별 소득 없이 시간만 보내게 되지. 물론 네가 잘 판단해서 선택할 문제이지만, 그다지 좋은 생각이 아닌 것 같구나. 휴학 후 취업 준비를 철저히 한다고 했는데 특별한 계획이 있는 거니?"

"아직 특별한 계획은 없어요. 토익 성적 10점이라도 더 올리고, 영어 회화 공부도 좀더 하고, 자격증 하나라도 더 따고……. 뭐, 그 정도로 생각하고 있어요."

"무조건 스펙을 늘린다고 해서 취업 가능성이 높아지는 건 아니야. 지원하는 사람 입장에서는 물론 조금이라도 더 준비하면 취업에 유리하리라고 생각하겠지만, 실제로 기업에서는 일정 요건만 갖추면 추가적인 스펙은 그다지 신경 쓰지 않는단다. 현재 네 스펙을 고려해 봤을 때 한 학기를 더 연기하면서까지 몇 가지를 추가하는 것은 큰 의미가 없을 거야. 더군다나 취업만을 위해 불필요하게 졸업을 늦췄다는 느낌을 준다면 서류 전형이나 면접에서 안 좋은 인상을 줄 수도 있고."

"그렇군요. 역시 휴학은 하지 않는 것이 좋겠네요."

"그래, 잘 생각했다. 아까 이야기했듯이 특별한 목적이 있다면 괜찮겠지만 지금처럼 막연한 생각으로 휴학하는 것은 좋지 않단다. '지금이 마지막이다'라는 생각으로 최선을 다해 정면 돌파하는 자세가 지금 네게 가장 필요한 것 같다. 나도 도울 수 있는 부분은 도울 테니, 이번 학기에 최선을 다해 보렴."

진아는 마음이 편해지는 느낌이었다.

'그래, 미룬다고 해결되는 것은 없어. 이번이 마지막인 것처럼……. 최선을 다해 보는 거야!'

유학파 지훈의 좌절

'윙.'

도서관에서 한참 영어 공부를 하던 진아는 진동이 울리자 황급히 휴대폰을 들고 열람실 밖으로 나갔다. 발신자를 보니 지훈이었다.

"여보세요?"

"진아야, 지훈이야. 내일 아버지께서 소개해 주신 그 회사 면접이 거든."

"아, 그래? 면접 준비는 좀 했어?"

"아니, 전혀. 대충 보려고. 알다시피 내가 가고 싶은 회사는 아니 잖아. 아버지 얼굴을 봐서 일단 가야지. 경험 삼아 가 보고, 합격해 두면 나중에 원하는 회사가 안 됐을 때 보험처럼 쓸 수도 있잖아."

"오빠, 그런데 그렇게 만만한 곳이 아니라고 하더라? 우리 학교 실력파 선배들도 여럿 지원했는데 떨어졌어. 대기업 계열사라 워낙 탄탄해서 한국에서는 꽤 인기 있거든. 물론 오빠는 미국에서도 인정받은 글로벌 실력파이니까 걱정할 필요가 없긴 하지만 말야."

"야, 설마 유지훈이 그 정도 회사에 떨어지겠냐? 미국에서 오라는 회사도 마다하고 돌아온 사람이야. 준비 하나도 안 하고도 보란 듯이 합격해 줄 테니 걱정 마. 너는 걱정이 너무 많아서 탈이라니까."

"그러지 말고 지난번에 이야기했던 취업 컨설턴트라는 사촌오빠를 찾아가 보는 건 어때? 내가 스터디 같이 하는 친한 오빠라고, 기회 되면 한번 지도해 달라고 부탁해 뒀어. 그래도 면접인데 준비가 전혀 안 된 상태에서 가면 어떡해? 집도 가까우니까 잠시 들러도 좋을 것 같은데?"

"오늘 오후에 친구들과 약속 있는데……. 이 회사는 특별히 준비 안 해도 문제없을 것 같고, 다음에 다른 회사 준비할 때 찾아가 보지, 뭐. 어쨌든 땡큐!"

지훈은 전화를 끊고 생각했다.

'대기업 중에서도 큰 회사 몇 개만 골라서 지원하려고 하는데, 중견 기업까지 준비하고 면접을 보라고? 쳇, 나를 뭐로 보는 거야?'

지훈은 친구들과의 약속을 위해 집을 나섰다.

"불합격입니다."

"아니, 어느 부분이 부족해서 떨어졌는지 피드백을 좀 주세요!"

지훈은 전화상으로 채용 담당자를 붙잡고 버럭 화를 내고 말았다.

"말씀드렸잖아요. 면접 평가가 다른 지원자분에 비해 현저히 낮았기 때문에 불합격되셨습니다. 평가 항목이나 개별 점수는 회사 정책상 알려 드리기 어려우니 양해해 주시기 바랍니다. 특별히 더 질문이 없으시면 이만 끊겠습니다."

지훈은 자신의 귀를 의심했다.

'나를 떨어뜨리다니……. 말도 안 돼. 천하의 유지훈을!'

회사는 썩 마음에 들지 않았지만 지훈에게는 자신 있는 마케팅 분야였고 면접관들도 상당히 호의적으로 대했기 때문에 합격을 확신하고 있던 터여서 뜻하지 않은 불합격 소식에 더욱 놀랐다.

'어차피 붙어도 안 가려던 회사였잖아.'

이렇게 스스로 위안했지만, 자신이 불합격했다는 자체를 납득하기 어려웠다.

지훈은 그날 저녁, 미국에서 먼저 들어온 선배들과 식사하면서 놀라운 사실을 알았다. 작년에 한국으로 들어온 선배들 대부분이 직장을 못 구한 것이다. 더욱 놀랍게도 그들이 알고 있는 다른 유학생들도 비슷한 상황이었다. 예전 선배들의 이야기를 들어 보면, 그야말로 '격세지감'을 느낀다고 한다. 한때는 내로라하는 대기업에서 미국장기 유학생들을 뽑겠다고 경쟁하던 시절도 있었다. 물론 지금도 대기업에서는 미국의 주요 도시를 돌면서 채용 설명회를 열고 한인 학생회를 통해 채용 공고를 내서 좋은 인재를 선발하려 하지만, 과거와는 분위기가 사뭇 달랐다. 예전과는 달리, 최근에는 유학생들이 몇 군데 안 되는 대기업 자리를 놓고 치열하게 경쟁하는 상황이었다.

이때, 지훈의 머리를 갑자기 스치는 생각이 있었다.

'내가 너무 안이했던 것이 아닐까?'

지훈은 문득 홍 대표에게 연락해 보라던 진아의 말이 떠올랐다.

'진아의 말대로 면접 전에 연락을 했어야 하는 것 아닐까? 지금이라도 홍 대표님에게 연락하여 조언을 받는 것이 어떨까?'

지훈은 핸드폰을 한참 동안 만지작거리다 전화를 걸었다.

"여보세요? 진아야, 홍 대표님 전화번호가 몇 번이라고 했지?"

지훈이 홍 대표를 찾아간 것은 불합격 통보를 받고도 며칠이 지난 후였다. 아무래도 자신의 패배를 인정하고 싶지 않았던 것이다. 하지만 자신에게 문제가 있다면 본격적인 취업 시즌이 시작되기 전에 고칠 필요가 있다는 생각이 들어서 결국 홍 대표를 찾아가기로 마음먹었다.

지훈은 미국 대학교에서 재학 중에 커리어 개발 센터Career Development Center를 통해 이력서와 커버레터 등을 작성하는 데 도움을 받은 경험이 있었다. 미국에서는 대학교마다 커리어 개발 센터가 잘되어 있어서, 취업 상담 전문가가 학생들의 서류와 면접 등 취업 준비에 실질적인 도움을 준다. 그리고 사설 커리어 교육 기관도 발달되어 있어서 출판이나 온라인, 오프라인 교육 등 다양한 형태로 서비스를 제공하기 때문에 체계적으로 취업 준비를 할 수 있었다. 하지만 한국에 와 보니 취업 관련 정보도, 신뢰할 만한 서비스도 부족해서 사실 감을 잡지 못하던 상황이었다. 기껏해야 일주일에 한두 번 하는 승호, 진아와의 스터디가 그나마 유일한 취업 준비였다.

지훈은 홍 대표의 사무실에 들어서며 꾸벅 인사했다.

"안녕하세요, 대표님. 유지훈이라고 합니다."

"반갑습니다, 지훈 씨. 승호 씨와 진아에게 이야기는 많이 들었습니다. 미국에서 들어온 지 얼마 안 되었다죠?"

환한 웃음으로 반갑게 맞아 주는 홍 대표에게 지훈은 준비해 온 취업 관련 서류를 건넸다.

"네, 이제 두어 달 지났습니다. 말씀하신 영문 이력서와 성적 증명서입니다."

홍 대표는 지훈이 준비해 온 서류들을 찬찬히 살피며 지훈에게 질문했다.

"아, 서류들을 준비해 오셨네요. 그나저나 미국이 그립지 않나요? 고등학교 때부터 미국에 살았으면 한국보다 미국이 익숙할 텐데요."

"글쎄요, 사는 건 어디나 큰 차이가 없는 것 같습니다. 아무래도 한국인으로서 미국 회사에서 성장하는 데 한계가 있다고 생각했거든요. 그리고 한국 회사에서 더 주도적인 역할을 하면서 커리어를 쌓고 싶었고요."

홍 대표는 준비해 온 서류를 살펴본 후에 지훈에게 물었다.

"자! 그래서 지훈 씨의 고민은 무엇인가요?"

지훈은 기다렸다는 듯이 대답했다.

"사실 제가 며칠 전에 한 중견 기업에서 면접을 봤습니다. 아버지 소개이기도 했고, 제 조건상 당연히 붙을 거라 생각했습니다. 면접

과정 중에 특별히 실수한 것도 없었고요. 그런데 어이없게도 떨어졌습니다. 그 이유가 무엇인지 정말 모르겠습니다."

의아한 표정을 짓고 있는 지훈에게 홍 대표는 질문을 던졌다.

"면접 준비는 하고 가셨나요?"

"그 정도 회사는 당연히 붙을 거라고 생각해서 별다른 준비는 하지 않았습니다. 면접이라는 것이 평소 제가 생각하는 대로 이야기하면 되는 것 아닌가요? 게다가 마케팅 분야는 워낙 자신 있는 분야이기도 했고요."

"지훈 씨는 한국의 기업을 너무 만만하게 보고 있는 것 같군요."

"네? 그게 무슨 말씀이신가요?"

"이제 유학생은 더 이상 예전과 같은 프리미엄을 가지지 못합니다. 10년 전만 해도 한국으로 들어오는 우수한 유학생을 서로 확보하려고 대기업들이 경쟁했지요. 하지만 요새는 조기 유학이 붐이었던 시절에 유학 갔던 학생들이 미국에서 마땅한 직업을 찾지 못하고 한국으로 돌아오는 경우가 급격히 늘고 있습니다. 그리고 한국에서 공부한 학생들의 실력이 향상되어서 유학생들이 설 자리가 점차 줄고 있어요. 한국의 대학들이 가르치는 커리큘럼도 많이 향상되어서 미국의 대학교와 큰 차이가 없고, 더군다나 어학연수와 교환 학생 등 평소에 영어 공부를 열심히 하기 때문에 업무상 필요한 영어 실력을 갖춘 국내 대학 출신 지원자들도 늘고 있습니다."

"맞아요. 미국에서 학교 다닐 때 교환 학생으로 온 한국 대학 출신 친구들이 영어로 수업을 듣는 데 별 어려움이 없어서 놀란 기억이 있습니다."

"더군다나 유학생들이 문화 차이 등을 이유로 입사 1~2년차에 조기 퇴사해버리는 경우가 종종 있기 때문에, 국내 기업들이 유학생들의 회사 충성도를 크게 신뢰하지 않는 분위기도 있습니다. 그래서 국내 대기업들이 유학생들을 선호하지만은 않지요."

홍 대표의 말에 지훈도 지지 않고 말했다.

"그래도 유학생들이 한국에서만 공부한 학생들보다 외국인들의 문화를 이해하는 측면에서는 훨씬 낫다고 생각합니다. 글로벌 기업에서는 영어 실력 외에도 이런 부분을 중요시하기 때문에 저희 같은 유학생들을 선호하는 것 아닌가요?"

"말씀드렸다시피, 그런 부분은 기업이 신입 사원을 채용하는 일부 기준에 지나지 않습니다. 요즘 한국 학생들이 취업을 얼마나 심각하게 생각하고 저학년 때부터 열심히 준비하는지 아세요? 기본적으로 동아리나 스터디에 한두 개씩 가입해서 몇 년씩 준비합니다. 해당 회사, 직무에 대한 연구나 기업 실무 면접에 적합한 발표, 토론 등 커뮤니케이션 방식, 논리적인 사고방식에 대한 훈련 등 그 방법론도 해가 갈수록 전문화되고 있습니다. 다양한 기업에 진출한 선배들도 후배들에게 애정을 갖고 적극적으로 도와주고 있고요. 특히 한국 대기업에 입사하기 위한 한글 자기소개서 작성, 한국 기업 특유의 직무적성검사 준비 등 오히려 유학생들에게 불리할 수밖에 없는 요소가 많습니다. 지금 지훈 씨가 그런 생각을 갖고 있는 이유는 한국의 취업에 대한 정보가 부족했기 때문입니다. 지훈 씨같이 안이하게 취업을 생각하는 유학생은 한국에서 필사적으로 취업을 준비하는 대학생들과 경쟁하기 어렵습니다. 유학생과 국내 대학생들을 지도하면서 확실히 파악하게 된 사실입니다."

지훈은 머리를 한 대 얻어맞은 듯한 느낌에 할 말을 잃었다. 이렇게 적나라하게 말해 주는 사람은 없었다. 그래도 '해외 유명 대학 출신의 우수 인재'라고 자부하고 있었던 것이다. 홍 대표는 말을 이어 갔다.

"모두 다 그런 것은 아니지만, 제가 본 다수의 유학생들은 현실 감각이 부족했습니다. 한국의 취업 준비생들은 고 3 때 치열한 경쟁을 뚫고 대학에 들어가서, 대학교 1학년 때부터 대학 생활 내내 취업 스트레스를 느끼고 생활한 사람들입니다. '어떻게든 되겠지'라는 생각으로는 어느 기업에도 합격할 수 없습니다. 취업에 대한 진지한 태도는 선택이 아닌 필수입니다. 더 빨리 현실 감각을 가질수록, 취업을 빨리 할 수 있습니다. 현실을 직시하세요."

'왜 이런 것을 여태 깨닫지 못했을까? 진즉 깨달았더라면 더 많은 기회가 있었을 텐데……'

지훈은 굳게 다짐했다.

'이제는 정말 진지하게, 열심히 취업을 준비해 봐야겠다. 승호, 진아와의 스터디도 더 성실히 해야지.'

정말로 원하는 분야에
집중하라

승호, 진아, 지훈은 취업 스터디에서 그동안 홍 대표와 상담했던 내용을 공유했다. 상담을 통한 가장 큰 성과는 자신의 강점에 적합한 지원 분야를 결정했다는 것이다. 특히, 산업과 직무의 방향을 정하면서 곧 본격적으로 시작될 취업 시즌에 불필요하게 고민하지 않고 자기소개서나 면접 준비에 집중할 수 있었다.

"회사는 여러 군데 지원하게 되겠지만, 홍 대표님 조언에 따라 나에게 적합한 산업과 직무를 정하니 훨씬 마음이 편한 것 같아. 오빠들은 어때?"

진아의 말에 지훈이 대답했다.

"나도 이전에는 글로벌 기업 몇 군데만 지원하려다가 계획보다 많은 회사에 지원한다고 생각하니 막연하고 답답하기만 했는데, 확실히 범위가 정해지니까 좋아."

이어서 승호도 답했다.

"응, 나도 이제 대표님께서 조언해 주신 대로 내가 집중할 분야에 필요한 정보를 찾고 준비하려고 해."

진아가 일어나서 화이트보드 앞에 섰다.

"그러면 각자의 분야에 어떻게 준비하는 게 좋을지 아이디어를 교환하자."

진아의 분야는 은행권, 지훈은 해외 마케팅이었다. 마지막으로 승호는 '해외 영업'이라고 적었다.

진아와 지훈은 놀라서 물었다.

"해외 영업? 홍 대표님이 해외 영업을 조언했단 말이야?"

"아니, 해외 영업은 처음부터 내가 정말 하고 싶다고 말씀드린 거야. 대표님은 나의 영어 실력이나 그동안의 활동 사항만으로 봤을 때 쉽지 않을 거라고 말씀하셨어. 하지만 진로에 대한 최종 결정은 스스로 내리는 거니까, 내가 결정을 내리면 최선을 다해 도와주기로 하셨지. 며칠을 밤잠 설치면서 고민했는데, 결론은 '정말로 원하는 분야에 도전하는 것'이었어. 대표님은 나의 선택을 지지해 주셨고, 이제 최선을 다해 보려고."

승호가 차분히 자신의 생각을 이야기하는 것을 진아와 지훈은 듣고만 있었다. 지난 몇 주 사이에 승호는 다른 사람이 된 것 같았다. 지훈은 씨익 웃으며 생각했다.

'저 녀석, 도전해 보는군. 앞으로 흥미롭겠어.'

'승호 오빠, 힘내! 난 오빠가 잘할 수 있을 거라 믿어.'

진아는 마음속으로 기도하고 있었다.

❖ ❖ ❖

채용 시즌이 다가오면서 승호, 진아, 지훈은 취업 스터디에 박차를 가했다. 그동안 일주일에 한 번이던 스터디도 두 번으로 늘리고, 홍 대표의 조언을 받아 스터디의 커리큘럼도 자기소개서 작성과 면접 기법 등 실전에 가까운 내용으로 바꾸었다. 지훈은 홍 대표를 만나고 온 이후로 취업 스터디에 임하는 태도가 달라졌고, 승호와의 사이도 많이 좋아졌다. 진아도 다른 대안은 모두 접어 두고 취업 준비에 전념하면서 오히려 마음이 편해졌다. 취업에 대한 집중력이 높아진 만큼 팀워크도 많이 좋아졌다. 약속 시간에 늦거나 과제를 부실하게 하는 경우도 눈에 띄게 줄었다. 모두 취업에 대한 의지로 불타고 있었다.

하지만 승호의 마음은 편치 않았다. 아버지의 실직이 길어지면서 가족들의 생활이 많이 달라졌다. 승호와 여동생이 아르바이트를 하면서 가족의 생활비는 어떻게든 마련하고 있었지만, 동생 승혜의 대학 등록금은 역부족이었다. 결국 승혜는 고민한 끝에 휴학하기로 결정했다.

승혜가 휴학하고 온 날, 승호는 승혜의 방문 앞에서 노크도 하지 못하고 한참 동안 서 있었다. 졸업했으나 취업하지 못한 자신이 원망스러웠고, 승혜에게 미안한 마음이 들어서 차마 위로의 말조차 꺼낼 수 없었던 것이다. 한참을 서 있던 승호는 결국 승혜의 방문을 열었다. 승혜는 책상 앞에 앉아 눈물을 황급히 훔치고 있었다.

"오빠, 왔어?"

"승혜야, 오빠가 미안하다."

"아니야, 어차피 요즘 휴학 안 하고 졸업하는 대학생이 별로 없잖아. 이럴 때 영어 공부도 하고 더 열심히 취업 준비하는 거지, 뭐. 걱정하지 마."

승혜는 애써 밝은 표정을 지었지만, 얼마나 울었는지 눈이 부어 있었다. 승호는 안타까운 마음에 가슴이 아팠다. 그래도 해 줄 수 있는 말이 없었다. 승호는 눈물이 나올 것 같았다.

'오빠가 이번에 꼭 취업해서 네가 졸업할 때까지 등록금 걱정 안 하게 해 줄게. 이번 학기만 참아 줘.'

막상 채용 시즌이 다가오니 승호는 더 불안해졌다. 이미 대학을 졸업한 자신의 신분이 재학생들보다 취업에 불리하게 작용하리라는 사실을 잘 알고 있기 때문이다.

'바꿀 수 없는 것까지 고민하지 마십시오. 현재 할 수 있는 일에만 모든 신경을 집중하세요.'

승호는 홍 대표의 이야기가 떠올랐다.

'그렇다. 바꿀 수 없는 것에 대해 고민하는 것은 시간 낭비일 뿐이다.'

아르바이트를 위해 커피 전문점으로 향하면서 승호는 다시금 마음을 다잡고 있었다.

심리 검사와 진로 설정

    최근 많은 대학에서 진로와 취업에 관련된 서비스를 강화하면서 학생들의 진로 설정에 도움을 주기 위해 MBTI®나 STRONG™ 검사 등 각종 심리 검사를 제공하고 있다. 이러한 심리 검사들의 해석은 대상자의 '성격 및 성향'을 심리학적으로 분석하는 것에 초점을 맞추고 있다. 그러나 이러한 심리학적 분석의 결과물 자체를 진로 적성에 연결시키기는 현실적으로 어렵다. 현대의 다양한 산업과 회사의 특성, 직무에 대해 파악하는 것은 순수 심리학의 영역에서 벗어나기 때문이다. '심리'와 '진로'를 연결시키려는 노력은 주로 심리학 내에서는 '산업심리학', 경영학에서는 '인사 관리' 및 '조직심리' 등에서 다학제적Interdisciplinary 연구를 통해 활발히 진행되고 있다. 또한 최근 정부 차원에서도 고용노동부 등 관련 부처에서 이와 관련된 연구를 지속적으로 수행하고, 워크넷(www.work.go.kr) 등의 온라인 서비스에서 다양한 진로 검사 및 직업 정보를 제공하고 있다.

    한편, 최근에 신입 사원을 채용하는 기업에서 자체 개발한 인적성검사 직무적성검사를 필수로 시행하는 경우가 많은데, 지원자들의 성향을 파악하고 그 결과를 부서 배치 등에 활용하려는 데 그 목적이 있다. 실제로 영업, 인사, R&D 등 회사의 각 부서에 성공적으로 적응하여 좋은 성과를 내는 사람들에게는 일정한 성향이 있다는 연구 결과도 있다. 기업은 신규 입사자의 성향에 적합한 직무를 선정함으로써 업무 성과와 만족도를 높이고, 적성에 맞지 않는 업무에 배치되어 조기에 퇴사할 가능성을 낮추려 노력하고 있다.

① MBTI®(Myers-Briggs Type Indicator)

    카를 융Carl G. Jung의 심리유형론을 근거로 하여 캐서린 브리그스 Katharine Cook Briggs와 이사벨 마이어스Isabel Briggs Myers가 일상생활에 유용하게 활용할 수 있도록 고안한 자기 보고식 성격 유형 지표다. MBTI®는 네 가지 선호 유형(에너지 방향, 인식 기능, 판단 기능, 생활양식)을 조합한 열여섯 가지 성격 유형으로 사람의 기질과 성향을 구분한다.

〈MBTI®의 성격 유형〉

ISTJ	ISFJ	INFJ	INTJ
세상의 소금형	임금 뒷편의 권력형	예언자형	과학자형
한번 시작한 일은 끝까지 해내는 사람	성실하고 온화하며 협조를 잘하는 사람	사람과 관련된 뛰어난 통찰력을 가지고 있는 사람	전체적인 부분을 조합하여 비전을 제시하는 사람
ISTP	**ISFP**	**INFP**	**INTP**
백과사전형	성인군자형	잔다르크형	아이디어 뱅크형
논리적이고 뛰어난 상황 적응력을 가지고 있는 사람	따뜻한 감성을 가지고 있는 겸손한 사람	이상적인 세상을 만들어가는 사람	비평적인 관점을 가지고 있는 뛰어난 전략가
ESTP	**ESFP**	**ENFP**	**ENTP**
수완좋은 활동가형	사교적인 유형	스파크형	발명가형
친구, 운동, 음식 등 다양한 활동을 선호하는 사람	분위기를 고조시키는 우호적 사람	열정적으로 새로운 관계를 만드는 사람	풍부한 상상력을 가지고 새로운 것에 도전하는 사람
ESTJ	**ESFJ**	**ENFJ**	**ENTJ**
사업가형	친선도모형	언변능숙형	지도자형
사무적, 실용적, 현실적으로 일을 많이하는 사람	친절과 현실감을 바탕으로 타인에게 봉사하는 사람	타인의 성장을 도모하고 협동하는 사람	비전을 가지고 사람들을 활력적으로 이끌어가는 사람

(출처: 한국심리검사연구소, www.assesta.com)

② STRONG^{TM}

STRONG^{TM} 검사의 공식 명칭은 STRONG INTEREST INVENTORY®로 미국의 직업심리학자 에드워드 스트롱에 의해 개발되어 진로 및 직업 상담, 컨설팅 분야에서 주로 사용되는 검사다. 다양한 분야의 흥미 목록 Interest Inventory의 형태로 각 문항에 대해 개인의 흥미 정도나 흥미의 유무를 묻고, 개인에 적합한 활동, 직업, 환경 등에 대한 정보를 제시하는 척도별 점수(GOT, BIS, PSS)를 산출한다.

〈HOLLAND의 6각 모형 이론에 의한 여섯 가지 흥미 유형 척도〉

(출처: 한국심리검사연구소, www.assesta.com)

③ 워크넷(www.work.go.kr)

다양한 취업 관련 정보와 직업 적성 흥미 검사, 사이버 직업 상담, 사이버 채용박람회 등 취업 지원 서비스를 구인 업체 및 구직자에게 신속하게 제공하려는 목적으로 고용노동부와 한국고용정보원에서 운영하는 온라인 서비스다.

(출처: 워크넷, www.work.go.kr)

인적성검사를 위한 준비

보통 많은 학생들이 인적성검사를 사전에 충분히 준비하지 않는 경향이 있고, 서류에 합격하고 난 후 일주일 동안 집중해서 시험을 준비하는 경우가 대부분이다.

하지만 인적성검사는 그렇게 만만하지 않다. 최근에는 많은 대기업에서 서류 전형은 기본적인 자격만 갖추면 우선 통과시키고, 인적성검사를 통해 다수의 지원자들을 탈락시키는 경우가 많다. 그만큼 기업들은 인적성검사의 비중을 강화하고 있으며, 시험 유형도 까다로워지고 있다. 그렇기 때문에 인적성검사에 철저히 준비해야 한다.

① 언어 영역

언어 영역은 단기간에 실력이 향상되기 힘들다. 출제 분야가 굉장히 넓고, 모국어이기 때문에 문제 수준이 상당히 높다. 특히 한자가 포함되어 있다면 2~3개월의 준비 기간을 두고 공부해야 한다. 어휘량을 늘리고 장문 독해 실력을 향상시키려면 독서를 꾸준히 하는 것이 좋다.

② 수리 영역

기본적인 수학 공식에 대한 이해와 암기가 필요하며, 계산 능력도 필요하다. 유형별로 다양한 문제를 접해 보고 풀어 보는 과정이 필요하다.

③ 추리 영역(도형과 논리)

추리 영역은 크게 도형 추리와 언어 추리로 나눌 수 있는데, 문제 유형이 다소 제한되어 있으므로 문제를 많이 풀어 보고 해당 문제의 유형을 재빨리 파악하는 것이 중요하다.

④ 직무 상식

직무 상식은 출제 범위가 광범위하므로 특히 더 신경 써야 하는 시험 유형이다. 인문 및 상경계 응시자는 경영과 경제 상식에, 이공계 응시자는 과학과 공학 상식에 초점을 두고 공부하면 도움이 된다.

⑤ 인성 검사 및 상황 판단

기업에서 인성 검사를 시행하는 이유는 크게 두 가지다. 첫째는 회사 인재상에 맞는 지원자인지 보기 위해서고, 두 번째는 지원 직무에 적합한 성향을 가지고 있는지 파악하기 위해서다. 인성 검사에서 좋은 결과를 얻기 위해서는 스스로에 대한 이해가 필수적이며, 지원 시 성향에 맞는 직무를 선택하는 것이 좋다. 그리고 인성 검사는 다양한 장치를 통해 거짓 대답을 가려내므로 솔직하게 답하는 것이 좋다. 상황 판단은 조직에서 조화로운 생활을 감안하여 합리적인 수준에서 답을 고르면 된다.

⑥ 시험 당일을 위한 준비

마지막으로 시험 시간, 장소 및 교통편 등도 파악해 두어야 한다. 손목시계, 신분증, 연필, 컴퓨터용 사인펜 등 시험 응시를 위한 기본적인 준비물도 사전에 챙겨 두어 시험 당일에 당황하지 않도록 한다.

지원 분야별 반드시 알아야 할 필수 개념

　대학교를 갓 졸업한 사람을 대상으로 채용을 진행하는 신입 공채라 하더라도 회사는 지원자들이 해당 산업 및 직무에 대해 기본적인 지식을 갖추기를 바란다. 최근에는 주로 해당 부서의 실무진들이 면접관으로 참석하여 역량 면접과 프레젠테이션 면접 등을 통해 지원자의 산업과 직무에 대한 지식을 평가하고, 서류 심사에서도 이력서와 자기소개서에서 이러한 부분들을 평가하여 서류 통과 여부를 결정하기도 한다.

　따라서 해당 분야에 대한 관심뿐만 아니라 취업 시기가 되기 전에 공모전이나 인턴 경험 등을 통해 실질적으로 필요한 지식을 확보할 필요가 있다. 단편적인 개념이나 용어만이 아니라, 실제 업무와 유사한 사례에 이를 적용하는 연습을 충분히 해서 자신의 것으로 만들어야 한다. 면접장에서 기습적으로 역량 면접 질문을 받거나, 짧은 시간 동안 프레젠테이션 면접을 준비하여 발표해야 하는 상황에 대응하려면 다양한 개념을 실제 사례에 적용하여 응용력을 키워야 한다.

　아래에 주요 지원 분야별로 지원자들이 알아야 할 가장 기본적인 개념을 항목별로 정리해 두었다. 이런 개념을 충분히 설명하려면 한 학기간 전공 과목 강의 수준의 설명이 필요하지만, '알아야 할 개념의 항목' 중에 몇 가지의 사례만 소개하도록 한다. 그러나 공식을 암기하는 식으로 개념을 외우기만 해서 면접에서 아는 척하는 인상을 주는 것은 오히려 역효과를 낼 수 있다.

1. 영업 · 마케팅 직군 지원 시 확실히 알아야 하는 핵심 개념 세 가지

① 3C 분석 시장을 분석하는 데 가장 기본이 되는 3요소

　- Company : 자사 역량 분석

　- Competitor : 경쟁사 역량 분석

　- Customer : 시장 및 고객 성향 분석

② STP 시장을 세분화하고 목표 시장을 선정하는 기법

　- Segmentation : 시장 세분화

　- Targeting : 목표 시장 선정

　- Positioning : 소비자의 마인드에 차별화된 위치를 차지할 방법 구상

③ 4P 전략 마케팅 전략 구상 및 실행에 있어서 가장 핵심적으로 고려해야 할 네 가지 요소

　- Product : 제품 전략

　- Price : 가격 전략

　- Placement : 유통 전략

　- Promotion : 홍보 전략

2. 금융 직군 지원 시 확실히 알아야 하는 핵심 개념 세 가지

① 금융업계의 주요 주체의 기능 및 역할, 주요 업무

　- 증권사, 은행, 자산운용사 등

② 주요 금융 상품의 기본 개념

　- 주식 및 채권의 개념

　- 파생 상품 및 그 외 다양한 금융 상품의 개념

③ 재무 관리의 개념 및 기법

　- 밸류에이션Valuation 기법

　- 포트폴리오 이론

　- 자본자산 가격결정모형Capital Asset Pricing Model 등

Part 4

반드시
합격하는
입사
서류의
비밀

캠퍼스 리크루팅,
아는 만큼 얻는다

본격적인 취업 시즌이 되자, 대기업들이 대학교에서 채용설명회, 즉 캠퍼스 리크루팅을 진행하기 시작했다.

승호는 관심 있는 기업이 오늘 오전에 집 근처 대학교에서 캠퍼스 리크루팅 행사를 진행한다는 소식을 듣고, 홍 대표와의 약속 전에 잠시 들르기로 했다.

행사를 진행하는 장소에 도착했을 때, 승호는 깜짝 놀랄 수밖에 없었다.

'역시 대기업 캠리(캠퍼스 리크루팅)라서 그런지, 정말 발 디딜 틈이 없네.'

학교에서 가장 큰 강당에서 진행하는데도 대부분의 좌석이 차 있고, 바닥에 앉아 있는 학생들도 눈에 띄었다. 여기에 있는 학생들만 지원한다고 해도 경쟁률이 꽤 되겠다는 생각이 들었다.

한 시간 반 정도 진행되었는데, 우선 회사의 주요 계열사와 직무를 간단히 소개하고, 회사의 핵심 가치, 문화, 채용 프로세스 등을 설명하는 것으로 이어졌다. 회사에 대한 정보는 웹사이트에 나온 내용과 크게 차이가 나지 않았으나, 회사 관계자들이 직접 정보를 전달해 준다는 점이 좋게 느껴졌다. 이어서 해당 학교를 졸업한 신입 사원들의 간단한 자기소개와 함께 자신들이 하고 있는 업무 소개가 이어졌다.

"안녕하세요. 저는 경영학과를 3년 전에 졸업한 선배입니다. 아시다시피 우리 회사는 작년에도 사상 최대 실적을 올리면서 5년째 지속적인 성장을 이뤘고, 앞으로도 비전이 있는 회사입니다. 저는 해외 상품 기획 업무를 맡고 있는데, 제가 기획한 제품이 해외에서 판매 성과가 매우 좋아서 큰 보람을 느끼고 있습니다."

다음은 아직은 앳되어 보이는 여사원이었다.

"안녕하십니까? 저는 인사팀에 근무 중입니다. 우리 회사는 대기업인데도 관료적인 문화가 아닌 창의적인 조직 문화를 가지고 있고, 직원 하나하나가 자신의 전문 영역에서 발전할 수 있도록 회사 차원에서 많이 배려하고 있습니다. 그리고 동종업계 최고의 복지 혜택을 제공하고 있습니다. 역량 있는 후배 여러분들이 지원을 많이 하기 바랍니다."

승호는 다른 학생들과 함께 넋 놓고 행사를 지켜보면서 생각했다.

'회사의 향후 비전, 구성원의 발전을 위한 배려, 창의적 조직 문화, 모두 마음에 들어. 입사한 신입 사원들도 하나같이 멋있고 예쁘고 말도 또박또박 잘하네. 저런 선배들이 들어간 회사라면 분명히 좋은 회사일 거야. 그렇지 않아도 요즘 TV 광고에 제품이 많이 나오고 있어서 관심 있었는데, 더욱 가고 싶어졌어. 정말 최고의 회사야.'

마무리할 시간이 되었다.

"자, 저희가 준비한 순서는 여기까지입니다. 원하시는 분은 남아서 선배님들에게 개인적으로 궁금하신 점을 물어보셔도 됩니다."

꽤 많은 학생들이 남아서 추가적으로 궁금한 점에 대해 질문했지만, 승호는 홍 대표와의 약속 시간이 얼마 남지 않아서 급하게 자리를 떴다. 버스를 타고 가면서 승호는 곰곰이 생각했다.

'캠퍼스 리크루팅도 이번 주에만 벌써 네 군데나 참석했는데, 매번 느끼지만 별로 남는 게 없어. 왔다 갔다 하면 반나절은 금방 가는데 말이야. 혹시 캠퍼스 리크루팅을 활용하는 효과적인 방법이 있지는 않을까? 오늘 홍 대표님께 여쭤 봐야지.'

승호는 버스에서 내려서 빠르게 발걸음을 옮겼다.

"이제 본격적인 취업 시즌이 시작되는 시점인데, 기분이 어때요?"

승호가 상담실에 들어서자, 홍 대표는 웃으며 질문을 던졌다.

"점점 더 정신없어요. 지원하고 싶은 회사들이 늘어나니 조사해야 할 것도 많고요. 오늘도 오전에 대기업의 캠퍼스 리크루팅에 다녀왔거든요."

"그래요? 회사에 대한 정보는 많이 얻으셨나요?"

"그렇지 않아도, 이번 주에만 네 개 회사의 캠퍼스 리크루팅에 다녀왔거든요. 그런데 뭐랄까, 참석하는 동안은 참 좋은 이야기네, 싶다가도 막상 돌아와서 생각해 보면 딱히 남는 게 없다고 해야 하나……. 이 바쁜 와중에 꼭 가 볼 필요가 있나 싶기도 하고요. 그래서 캠퍼스 리크루팅을 효과적으로 활용하려면 어떻게 해야 하는지 여쭤 보고 싶었습니다."

"좋은 질문입니다. 항상 이야기하다시피 지원자들은 '기업의 시각'에서 채용 프로세스를 바라봐야 합니다. 그래야 전략적으로 접근할 수 있지요. 기업들이 캠퍼스 리크루팅을 실시하는 가장 큰 목적은 지원자들에게 회사를 적극적으로 홍보해서 우수한 인재를 우선적으로 확보하려는 것입니다. 최근에는 CEO가 직접 참석하는 등 우수 인재를 확보하기 위해 캠퍼스 리크루팅을 적극적으로 활용하려는 기업들이 늘고 있습니다."

"맞아요. 최근에 대기업 회장님이 직접 캠퍼스 리크루팅에 참석하는 경우도 있다고 들었어요."

"네, 그리고 기업의 채용 담당자 입장에서는 채용 전략을 수립하는 데 있어서 캠퍼스 리크루팅을 활용하기도 하지요. 취업에 있어서도 부익부빈익빈이라는 말이 적용되는데, 우수한 지원자들은 좋은 회사 여러 곳에 합격하는 경향이 있습니다. 따라서 채용 담당자 입장에서는 최근의 지원자들이 어떤 부분에 관심을 가지는지 파악하여 효과적인 채용 전략을 수립할 필요가 있는 것입니다. 예를 들어, 최근 학생들의 경우 연봉은 물론이고 기업의 성장 가능성, 회사 분위기, 일과 삶의 균형, 직업의 안정성 등 연봉 외적인 부분에 대해서도 관심이 많습니다. 이렇게 기업의 채용 담당자들은 현장에서 지원자들의 목소리를 들으면서 채용 전략을 수립할 수 있고, 좋은 직장으로 인식되기 위해 개선할 점을 파악할 때 참고할 수 있습니다."

"아, 그렇군요. 그런 부분은 전혀 생각하지 못했네요."

"물론, 서류, 인적성검사, 면접 등 해당 기업의 채용 프로세스를 학생들이 정확히 이해하도록 돕는 것이 캠퍼스 리크루팅의 기본적인 취지입니다. 추가적으로 기업의 현재 상황과 성장 동력을 보여주고 우수한 인재들이 함께 일하고 싶은 비전을 제시하여 다른 회사들과 차별되는 부분을 강조하기도 하지요. 복리후생 제도, 해외 유학 등의 혜택, 휴가 제도를 비롯한 일과 삶의 균형 등의 장점을 제시하여 '일하기 좋은 회사'라는 부분을 적극적으로 홍보하는 것도 좋은 사람들을 뽑기 위해 강조하는 부분입니다."

"그런데 캠퍼스 리크루팅을 대학교별로 개최하는 이유가 있나요? 대학교가 아닌 외부의 대형 공간에서 한번에 개최하는 것이 더 효율적일 것 같은데요."

"특정 대학교에서 캠퍼스 리크루팅을 개최하는 이유는 해당 대학교를 졸업하여 입사에 성공한 직원들을 참여시켜 학생들과 공감대를 형성하고, 해당 대학교의 상황에 맞게 궁금증을 해소해 주기 위해서입니다. 즉, 입사에 성공한 선배 사원들을 소개하며 후배 지원자들에게 희망을 주고 성공 모델을 제시하는 것입니다. 또한, 이 회사가 이 대학교의 학생들에게 많은 관심을 가지고 채용하려 한다는 자세를 보여 주기도 하지요."

승호는 홍 대표가 이야기하는 내용을 빠짐없이 받아 적고 있었다.

"또, 일부 회사의 경우 캠퍼스 리크루팅에 참여하는 담당자들이 간이 면접을 실시하고 눈에 띄는 인재의 경우 서류 통과에서 가산점을 주는 등 혜택을 제공해서 입사 지원을 유도하기도 합니다."

"그동안 행사의 목적을 미리 알고 참석했더라면 더 좋았을 텐데, 캠퍼스 리크루팅을 네 번이나 참석하면서도 별 생각 없이 갔던 것이 후회되네요. 앞으로 꼭 준비해야 하는 것이 있을까요?"

"캠퍼스 리크루팅을 진행하는 기업 담당자들과 이야기해 보면, 그들이 가장 좋아하지 않는 부류의 지원자들은 '별 관심 없이 여기저기 참석해 보는 지원자들'이나 '뻔한 질문을 하는 지원자들'이라고 합니다. 따라서 회사에 대한 철저한 사전 조사가 가장 중요합니다. 그렇게 해서 좋은 질문을 던지면 담당자들에게 좋은 인상을 남길 수 있을 뿐 아니라, 입사에 실질적으로 도움이 되는 정보들을 얻을 수 있습니다. 예를 들어, 해당 회사에 관심을 가지고 다양한 부분을 조사한다면 담당자들이 가산점을 줄 만한 질문을 던질 수도 있고, 자기소개서나 면접 등에 활용할 수 있는 실질적인 정보도 얻을 수 있습니다. 또한, 대학교 선배에게서 진솔한 이야기를 들을 수 있다는 점을 감안하여 언론이나 웹사이트에서는 알기 어려운 회사 생활에 대해서도 질문을 준비하는 것이 좋습니다. 해당 기업에 맞는 이력서, 자기소개서 등의 입사 서류를 준비하면 서류 지원에 도움이 되는 조언을 구할 수 있기도 하고요."

"아! 그리고 복장도 신경 쓰는 것이 좋을까요?"

"기본적으로 채용과 관련된 행사이니만큼 복장은 단정히 해야 합니다. 간이 면접이 있다면 정장을 하고 가는 편이 좋기도 하지만, 대부분의 경우에는 비즈니스 캐주얼 정도의 단정한 복장이면 좋은 인상을 줄 수 있습니다."

승호는 지금까지 이러한 사실을 미리 알지 못한 것이 안타까웠다.

'다음부터라도 캠퍼스 리크루팅에 철저히 준비하고 가야지!'

승호는 굳게 마음먹었다.

뽑히는 자기소개서는 이런 것

"그런데 대표님, 자기소개서에 대한 컨설팅을 시작하기 전에 궁금한 점이 있습니다."

"뭔가요?"

"지난번 취업 시즌에 자기소개서 작성 때문에 고생하면서 문득 '나는 이렇게 고민해서 자기소개서를 쓰고 있는데 과연 채용 담당자들이 이 많은 내용을 다 읽어 볼까?' 하는 생각이 들었습니다. '이력 사항만 보고 떨어뜨릴 수도 있는데 고생할 필요가 있나' 하고요."

"물론 그런 생각이 들 수 있습니다. 평생 써 본 적이 없는 글짓기를 갑자기, 그것도 마감에 임박해서 해야 하니 스트레스가 이만저만이 아니었겠지요. 하지만 자기소개서 작성에 최선을 다해야 하는 이유는 여러 가지가 있습니다.

첫째, 자기소개서는 지원자들이 생각하는 것보다도 서류 통과에서 차지하는 비중이 큽니다. 물론 이력 사항이 정말 뛰어나서 자기소개서의 내용이 일정 수준만 되어도 서류가 통과되는 경우도 있고, 반대로 이력 사항 내에 치명적인 결격 사항이 있어서 자기소개서를 읽어 볼 필요도 없이 서류에서 탈락하는 경우도 분명히 있습니다. 하지만 이력 사항만 보고 지원자를 서류 전형에서 떨어뜨리게 되면 좋은 인재를 놓치게 될 수도 있기 때문에, 기업에서는 자기소개서를 꼼꼼히 검토합니다.

둘째, 자기소개서 내용은 면접에 직접적으로 영향을 줍니다. 자기소개서를 작성하는 것은 기본적으로 인성 면접과 역량 면접에 대한 대비이기도 합니다. 자기소개서를 통해 자신의 역량과 강점을 명확히 어필한 사람들은 추후 인성 면접을 자신에게 유리한 방향으로 이끌어 갈 수도 있습니다. 반대로 자기소개서의 내용이 모호하거나 어설프면 면접 시 적절한 질문을 받기도 어렵고, 자신의 강점을 효과적으로 어필하기도 어려워집니다. 실제로 서류 지원 시에 성의 없이 자기소개서를 작성했다가, 막상 서류가 통과되어 면접에 임하게 되었을 때 당황하는 경우도 많이 보았습니다.

마지막으로, 합격하고 입사한 이후에도 자기소개서 내용이 부서 배치나 직무 결정에 활용될 수 있다는 점을 명심해야 합니다. 지원 시에 성의 없이 쓴 자기소개서가 입사 후에 발목을 잡을 수 있습니다. 이런 여러 가지 부분을 고려했을 때, 자기소개서를 성의 있게 쓰는 것이 매우 중요하지요."

◈◈◈

승호는 문득 지난 상반기에 서류 지원에서 겪은 아픈 기억이 떠올랐다. 아무런 대비 없이 취업 시즌을 맞아서 서류 마감 기간도 제대로 파악하지 못했기 때문에 하루에 여러 회사를 지원하면서 많은 어려움을 겪었다. 회사마다 자기소개서 문항도 천차만별이고 글자 수 제한도 달랐는데, 그나마 비슷하다고 생각하는 문항에 계속 CTRL+C, CTRL+V 해서 정신없이 마감했다.

결과는 참담했다. 그 와중에 정말 가고 싶었던 회사에 지원하면서 '최종 제출' 버튼을 클릭한 직후에 '지원 동기' 항목에서 회사 이름을 경쟁사로 잘못 쓴 것을 발견하고 눈물을 흘린 적도 있었다. 수많은 밤을 새워 가며 지원하고도 서류에 합격한 곳은 달랑 한 곳이었다. 소위 말하는 '광탈(광속으로 탈락)'의 아찔한 경험이었다. 그래서 승호는 이번만큼은 비장한 각오로 '선택과 집중' 전략을 사용하고 싶었다.

"대표님, 올해 하반기에는 몇 군데 정도 회사에 지원하는 것이 좋을까요?"

"최소한 일주일에 열 군데 이상 지원해야 한다고 봅니다."

"네? 일주일에 열 개 회사를 매주 지원한다고요?"

"네, 일주일에 열 군데 '이상'입니다. 그것도 한 회사, 한 회사에 '정성을 다해서' 지원해야 합니다. 심지어는 하루에 네다섯 개 회사에 지원하는 날도 있을 겁니다."

"대표님, 그건 무리입니다. 사실 지난 채용 시즌에도 경험했지만,

저는 글을 쓰는 속도가 너무 느려서 자기소개서 하나 작성하는 데 최소한 2~3일이 걸리거든요."

"승호 씨, 서류 통과는 승호 씨가 생각하는 것보다 훨씬 어렵습니다. 물론 준비가 안 된 상태로 지원하는 '허수 지원자'들도 많지만, 서류 지원자들은 어느 기업이나 너무 많기 때문에 그중 10% 정도만 면접 기회를 얻는 경우가 허다합니다. 지원자들이 너무 많다 보니 자기소개서를 보기도 전에 출신 학교나 학점 등을 가지고 '필터링'을 하는 경우도 많이 있고요."

"앗! 기업들이 서류 심사에서 '필터링'한다는 것이 사실인가요? 대기업 채용 설명회에서는 인사 담당자들이 정색하면서 '우리 회사는 열린 채용을 하고 있다'며 안심하고 지원하라고 하던데요……. 그게 사실이라면 너무 심한 것 아닌가요?"

승호는 볼멘소리를 했다.

"그동안 '항상 회사 입장에서 생각해야 한다'고 한 이야기를 또 잊은 것 같군요. 서류 전형은 지원하는 사람 입장에서도 큰일이지만, 서류를 심사하는 사람 입장에서도 고된 일입니다. 기업에 채용만 전담하는 사람들이 수십, 수백 명인 것도 아니고, 대부분의 회사에서는 고작 몇 명의 담당자들이 서류를 심사해서 면접 대상자 목록을 추려야 합니다. 수천, 수만 명이 지원하는 대졸 신입 채용 시즌은 담당자들에게 그야말로 전쟁이지요. 결국 '효율성'을 생각해야 하고, 그러려면 과거의 '경험적 확률'을 고려해야 합니다. 예를 들어, '학점이 높은 사람들은 항상 성실히 학교생활을 했을 가능성이 높으므로 회사 생활도 성실히 할 확률이 크다'든가, '영어 성적이 높은 사람들이 실제 업무에서도 영어를 잘할 확률이 크다'라는 식으로요. 지원자 입장에서는 억울하겠지만, 선발하는 사람 입장에서는 어쩔 수 없습니다. 지원하는 사람의 입장에서 중요한 것은 '많이' 지원하면서도 '제대로', 그리고 '성의 있게' 지원해서 통과 확률을 높이는 것입니다. '내 스펙에 여기가 가능할까? 저기는?' 하며 고민하는 시간에 최대한 많은 회사에 지원해야 합니다. 실제로 예상치 못한 곳에서 의외의 결과가 나오기도 하니까요."

'가급적 많은 회사에 지원하면서도 하나하나 성의 있게 지원할 수 있다니!'

승호는 지금까지 그런 방법이 있을 것이라고는 생각지 못했다. 홍대표는 다시금 질문을 던졌다.

"승호 씨, 지난 학기에 자기소개서는 보통 마감 며칠 전부터 작성을 시작했나요?"

"그야, 서류 접수 공고가 나고 서류 작성을 시작해서 마감까지 1~2주 정도 되니까……. 회사별로 길게 보면 일주일에서 열흘 정도 앞두고 쓰기 시작한 것 같아요."

"잘 생각해 보세요. 일주일에서 열흘이라면 꽤 긴 시간입니다."

"아, 생각해 보니 일주일 전부터 해당 기업의 채용 웹사이트에 들어가 로그인하고 이력 사항을 채워 나가기 시작했던 것 같아요. 보통 자기소개서 항목은 모든 항목을 다 채워야 쓸 수 있기 때문에 결국은 마감 하루 이틀 전에야 쓰기 시작하고, 항상 마감 시간에 임박해서 아슬아슬하게 완료했던 기억이 납니다. 어떤 기업은 마지막에 접속이 폭주해서 지원하지 못한 적도 있고요. 회사 인사팀에 전화해서 억울하다고 호소했는데, 자기들도 어쩔 수 없다고 하더군요. 회사에 지원할 때마다 난리를 겪고 나서 '다음번에는 그러지 말아야지' 생각했다가도, 또 금세 같은 일이 반복되었지요."

"맞습니다. 실제로 대부분의 지원자들이 취업 시즌을 맞이하여 비슷한 상황을 겪게 됩니다. 왜 그럴까요? 그 이유는 대부분의 학생들이 취업 시즌에 임박해서야 지원할 회사들을 파악하고, 또 공고가 나오고 나서야 자기소개서 문항을 파악하기 때문입니다."

"하지만 어떤 회사에 지원할지, 그 회사들이 언제 마감일지, 그리고 자기소개서 문항에 어떤 것이 나올지 본격적인 채용 시즌 이전에 파악하는 것이 어떻게 가능한가요?"

"좋은 질문입니다. 지금 궁금해하는 점을 '정확히'는 아니더라도 '대략적으로' 파악하는 것은 가능합니다. 인터넷에서 취업 관련 사이트들을 둘러볼까요?"

홍 대표는 취업 사이트에 들어가더니 공채 달력을 펴 보였다.

"대표님, 보시다시피 아직까지 채용 공고가 그렇게 많이 나지 않았습니다."

"네, 맞습니다. 이번 시즌의 달력을 보면 아직까지는 참고할 만한 정보가 거의 없지요. 대부분의 학생들은 이것만 확인합니다."

홍 대표는 1년 전의 달력을 펼쳐 보였다.

"자, 이것은 1년 전의 공채 달력입니다. 물론, 올해도 동일한 기업이 작년과 비슷한 시기에 채용을 진행하리라는 보장은 없습니다. 하지만 어떤 회사에 지원해야 할지 미리 감은 잡을 수 있습니다. 그리고 매년 조금씩 차이는 있지만, 주요 기업들이 서류를 접수하는 시기는 크게 다르지 않습니다. 예를 들어, 작년에 학기 초에 지원을 마감한 회사는 올해도 학기 초에 지원을 마감하는 경향이 있죠. 이를 미리 확인하여 지원할 회사를 선정하고 지원 시기를 예측하는 것만으로도 도움이 됩니다."

"하긴, 어느 정도 예측할 수 있다면 작년처럼 그렇게 우왕좌왕하지는 않겠네요."

"그렇죠. 물론 지원 회사를 선정했는데 그 회사가 마침 올해에는 신입을 뽑지 않을 수도 있습니다. 하지만 웬만한 대기업과 중견 기업은 해마다 인원 수는 다르더라도 채용을 진행합니다. 설령 그 기업이 올해 모집을 안 하더라도, 준비를 안 해 두었다가 막판에 몰아서 준비하는 것보다는 여유 있게 미리 준비해 두는 편이 낫겠죠?"

"네, 맞는 말씀입니다."

"그럼, 다른 사이트를 봅시다. 이번에는 자기소개서 항목입니다. 대형 채용 사이트에서는 기업명으로 검색하면 기업별로 과거 몇 년간의 자기소개서 항목을 조사할 수 있는데, 자기소개서 항목이 바뀌는 회사는 많지 않다는 점이 흥미롭지요. 바뀌는 회사도 일부 있겠지만, 그런 회사들은 공고가 난 후에 바뀐 부분을 파악해서 그 부분만 다시 작성하면 됩니다. 다시 말해, 지원할 회사들의 자기소개서 항목을 어느 정도 예측할 수 있다는 뜻입니다. 서류 지원은 미리 준비할 수가 있습니다. 그것도 몇 달 전부터 말입니다."

'취업 시즌이 시작되는 지금에도 이미 웬만한 회사의 자기소개서를 다 써 둔 학생들도 있겠구나.'

"결국 미리미리 준비하는 자가 유리한 것이군요."

"맞습니다. 미리 준비해 놓을수록 바쁠 때 더 많은 시간을 확보할 수가 있습니다. 이미 겪어서 알겠지만, 한참 바쁜 취업 시즌에는 직무적성검사 준비, 면접 준비 때문에 서류 작성 시간이 모자라서 가고 싶은 회사에 지원하지 못하는 경우도 종종 생깁니다. 많은 학생들이 비슷한 상황을 겪지만, 이를 사전에 효과적으로 예방할 수 있는 방법은 분명히 있습니다. 승호 씨도 보통의 지원자에 비해 아직 늦지 않았습니다. 이제부터 열심히 하시면 됩니다."

지원하는 회사를
집요하게 파헤쳐라

"취업에 있어서 자기 분석은 매우 중요합니다. 하지만 자기만의 시각으로 스스로를 분석하는 것은 의미가 없습니다. 승호 씨는 '지피지기 백전백승'이라는 말, 알고 있죠?"

"적을 알고 나를 알면 백 번을 싸워도 이긴다, 그런 뜻 아닌가요?"

"네, '적과 아군의 실정을 잘 비교, 검토한 후 승산이 있을 때 싸운다면 백 번을 싸워도 백 번을 이긴다'라는 뜻입니다. 이는 취업에 있어서도 적용되는 말입니다. 그러면 상대방 또는 적을 의미하는 피彼는 취업에서 무엇을 의미할까요?"

"저에게 있어서 적이 되는 사람이라면 역시 경쟁자인 다른 지원자라고 생각합니다."

"물론 그렇게도 해석할 수 있습니다. 특히, 경쟁자가 많이 좁혀진 최종 면접에서는 경쟁 지원자들의 특성을 파악하면 효과적으로 면접에 대비할 수 있습니다. 하지만 서류 지원 시에는 지원자들이 너무 많기 때문에 경쟁자들의 특성을 파악하기가 매우 어렵습니다. 서류 지원이나 1차 면접과 같은 채용 과정 초반부터 최종 면접 때까지 공통적으로 알아야 할 '상대방' 또는 '적'은 '채용하는 회사', 더 구체적으로는 '서류 검토 담당자'와 '면접관'으로 봐야 할 것입니다."

"회사를 적으로 본다고요?"

승호는 눈이 휘둥그레져서 되물었다.

"아이러니컬하게도 어떤 면에서는 그렇습니다. 회사는 우리가 동경하는 대상인 동시에 적이며, 서류, 면접 등 매 단계에서 물리쳐야 하는 것이죠. 마치 컴퓨터 게임에서 매 단계를 하나씩 이겨 나가면 맨 마지막 단계에 다다르고, 이 마지막 단계에서 이겨야 최종적으로 승리하는 것과도 같습니다. 게임의 속성을 정확히 파악해야 쉽게 이길 수 있는 것처럼, 취업에 있어서도 서류 검토 담당자와 면접관이 무엇을 원하는지, 그리고 무엇을 원치 않는지 잘 알고 있어야 취업 전쟁에서 승리할 수 있습니다.

다시 한 번 정리하자면, 자기소개서를 작성할 때 자기 분석이 매우 중요하지만, 그 출발점은 업계, 회사, 직무를 충분히 이해하고 직무 담당자의 시각으로 자신의 강점과 약점을 분석하는 것입니다. 자신의 경험에서 해당 회사가 선호하는 요소는 부각시키고, 부정적으로 생각할 만한 부분은 굳이 드러내지 않으려 하는 것이 좋습니다. 거짓말을 하라는 말이 아닙니다. 다만, 강조할 부분과 그렇지 않은 부분을 잘 구분해야 한다는 것이고, 이를 위해서는 상대방이 좋아하는 것, 좋아하지 않는 것을 명확히 이해해야 합니다. 이는 자기소개 서뿐 아니라 면접 준비를 하는 데도 중요한 부분이니 명심하시기 바랍니다."

"해당 회사와 직무를 정확히 이해해야 한다는 것은 잘 알겠습니다. 그렇다면 자기 자신에 대한 분석은 어떻게 해야 하나요?"

"자기소개서 작성에 앞서서 자기 분석을 할 때 파악해야 할 몇 가지 중요한 포인트가 있습니다. 첫째는 해당 회사와 직무에 연관하여 자신의 테마와 강점을 명확히 파악할 것, 둘째는 이에 따라 자신의 인생을 일관성 있게 설명할 것, 마지막으로는 이러한 내용을 지원하고자 하는 회사와 직무에 잘 연결 지을 것 등입니다. 자기소개서를 작성하기 전에 우선 자신의 다양한 경험을 돌아보고, 이를 스토리로 묶는 과정도 필요하지요."

"와, 생각보다 많은 과정이 필요한 것 같습니다!"

"네, 앞으로 차근차근 한 단계씩 준비할 테니 걱정 마세요. 다음 시간에는 자기소개서의 각 문항별로 자신의 경험을 어떻게 정리할지 알아보도록 합시다."

어느새 창밖에는 어둠이 깔리고 있었다.

목표를 잊지 마라

승호는 오늘 오랜만에 친구 형진을 만나서 뜻밖의 소식을 들었다. 형진이 제법 친했던 선배 중 한 명이 최근 IT 벤처 회사를 설립해서 CEO가 되었다는 것이다. 아직은 초기 단계이지만 투자를 받아서 사업이 확장일로에 있으며, 마침 영업 및 마케팅 담당자를 찾고 있다고 형진은 말했다.

"지난번에 우연히 만나서 이야기 들었는데, 아무래도 사업 초기라서 믿을 만한 사람을 구하기가 어려운 것 같아. 후배들 중에서 괜찮은 사람 있으면 추천해 달라고 하더라."

'IT 벤처 회사? 멋진데?'

승호는 무관심한 척 물었다.

"영업 및 마케팅 담당자? 주로 무슨 일을 한대?"

"잘 모르겠는데? 아무래도 온라인 회사니까 온라인 마케팅 아닐까? 참, 너도 영업이나 마케팅에 관심 많잖아. 다리 놓아 줄까?"

'IT 벤처 회사라. 깊이 있게 생각해 본 분야는 아니지만, 한번 만나 보는 것도 나쁘지 않을 것 같은데?'

잠시 고민하던 승호는 말을 꺼냈다.

"그 선배 연락 한번 해 주라. 만나서 이야기해 보면 좋을 것 같아."

"맨입으로? 오늘 밥이나 사든지."

"에이, 치사한 녀석아. 뭐 그런 걸 가지고 밥을 얻어먹으려고?"

"뭘 정색하고 그래? 알았어. 선배한테 바로 전화해 둘 테니까 연락하고 찾아가 봐. 지금은 작은 규모이지만, 주변에 물어보니 그 선배가 하고 있는 분야가 꽤 성장하고 있다고 하더라."

집으로 돌아오는 길에 승호는 생각했다.

'IT 벤처 회사? IT 분야는 내가 잘 아는 분야는 아니지만…… 첫 직장으로 어떨까? 의외로 나에게 좋은 기회인 것은 아닐까? 작은 회사라면 큰 기업보다 더 빨리 중요한 일을 맡을 수도 있지 않을까?'

승호는 취업이 급한 자신의 상황을 다시 한 번 떠올렸다. 승호는 어려운 집안 형편이 항상 걱정스러웠고, 장남으로서의 책임감도 느끼고 있었다. 그래서 얼른 취업해서 가족들의 어려움을 덜고 싶었다.

'그래, 한번 연락해 보자. 일단 만나 보는 것도 나쁘지 않잖아?'

승호는 생각 끝에 형진의 선배에게 전화를 걸었다.

"여보세요, 안녕하세요. 저는 형진이의 대학 친구 이승호라고 합니다."

벤처 회사 CEO답게, 전화기 너머에서 선배의 자신감 넘치는 목소리가 들렸다.

"이야기 들었어. 승호로구나. 형진이 친구니까 말 놓아도 되지?"

"네, 편하신 대로 하세요. 오늘 저녁에 잠시 찾아뵈어도 될까요?"

"어, 마침 오늘 저녁에 시간이 되네. 밥이나 먹자. 형이 살게."

벤처 회사 CEO라고 해서 혹시 거들먹거리지는 않을까 생각했는데, 전혀 그렇지 않았다. 승호는 집으로 가던 발걸음을 돌렸다.

그날 선배를 만나고 돌아와서 승호는 고민에 빠졌다. 이야기가 잘 진행되어 식사 자리에서 해당 업무에 대한 제의를 받은 것이다. 그런데 문제는 업무를 이틀 내로 바로 시작해야 한다는 것이었다. 그도 그럴 것이 그 회사도 워낙 바쁜 상황이라 사람이 당장 필요했다. 하지만 이 제안을 수락한다는 것은 그동안 준비해 온 하반기 입사 지원은 포기해야 한다는 뜻이었다.

'불과 몇 달 전을 생각해 봐. 지금 이런 조건으로 취업이 되었으면 당연히 가야지. 고민은 무슨 고민이야.'

다시 한 번 가족들의 얼굴이 떠올랐다. 실직하신 아버지, 등록금을 고민하다가 휴학한 여동생……. 마음 같아서는 당장이라도 제안을 수락하고 취업해서 가족들에게 도움이 되고 싶었다. 하지만 한편으로 가족들의 기대도 저버릴 수 없었다. 어려운 형편에서도 가족들은 장남인 자신이 대기업에 당당히 취업하길 기대하고 있었다.

'대기업의 해외 영업팀……. 물론 되기만 하면 좋겠지만, 된다는 보장이 있는 것도 아니고. 이번에 기회를 놓치면 영영 취업을 못하게 될 수도 있잖아.'

승호는 진아에게 전화를 걸었다. 물론 진아가 이 고민에 대한 답을 줄 수 있는 것은 아니겠지만, 이야기하다 보면 자신도 생각을 정리할 수 있을 것 같았다. 처음에 합격했다는 이야기를 들은 진아는 기뻐했지만, 승호의 고민을 들으니 쉽지 않은 결정이라는 것을 깨달았다.

"오빠가 많이 고민하고, 원하는 길을 찾아가는 게 좋겠다는 말 이외에는 하기 어려울 것 같아요."

이 이상의 대답을 기대한 것도 아니었다. 승호는 자신의 고민을 항상 진지하게 들어 주고 같이 걱정해 주는 진아가 고마울 뿐이었다. 역시 진로에 대한 결정은 외로운 고민이었다.

"오빠, 결정하기 전에 홍 대표님의 의견을 물어보는 것은 어때요?"

물론 승호도 생각을 안 한 것은 아니었다. 하지만 한참 목표를 높게 잡고 취업에 최선을 다하겠다며 홍 대표의 도움을 받고 있는 상태에서, 갑자기 선배가 사장인 벤처 회사에 가 볼까 하고 고민한다는 이야기를 꺼내기가 마음에 걸렸다. 그렇다고, 이렇게 혼자서 고민해 봤자 소용이 없었다.

그날 저녁, 승호는 차마 홍 대표에게 전화하거나 찾아가지는 못하고, 자신의 고민을 정리해서 이메일을 보내기로 했다. 대기업 해외 영업팀이라는 현재의 목표에 대한 열정, 선배에게 제안받은 업무의 성격과 회사의 비전에 대한 자신의 생각, 그리고 고민하는 이유인 가정환경에 대한 내용까지 상세하게 적었다. 그런데 홍 대표에게 메일을 쓰다 보니 생각이 정리되는 것 같았다. 생각할수록 마음 깊은 곳에서는 목표를 향해 끝까지 달려 보고 싶다는 목소리가 들려왔다.

메일을 보내려던 승호는 잠시 생각에 잠겼다. 그리고 마지막에 다음과 같은 글을 쓰고는 '보내기' 버튼을 눌렀다.

'……결국 저는 대기업 해외 영업팀 입사의 목표를 이루기 위해 최선을 다하기로 하고, 그 선배의 제안을 거절하기로 결정했습니다. 이렇게 하지 않으면 시간이 지난 후에 후회하게 될 것 같습니다. 감사합니다. 이승호 드림'

불안하니까 취업이다

진아는 최근 자기소개서 제출 기한이 다가오면서 더욱 고민에 빠졌다. 워낙 꼼꼼한 성격인 데다 완벽주의자여서, 그동안 열심히 준비해 놓고도 마음 편히 있지를 못했다. 취업 스트레스로 며칠 밤 잠도 못 이루고는 사촌오빠인 홍 대표에게 전화를 걸었다.

"오빠, 오랜만이에요. 저예요."

"오! 진아야, 오랜만이구나. 요즘 준비는 잘되고 있니? 워낙 꼼꼼히 준비를 잘하니까 큰 걱정은 안 하지만 말이야."

"그런 말 마세요. 그렇지 않아도 요즘 걱정이 너무 많아서 잠도 못 잘 정도예요."

"저런, 어떤 것이 가장 걱정되니?"

사실 홍 대표가 볼 때도 진아는 상당히 잘 대비하고 있었다. 학점과 토익 점수는 최상위권, 금융 자격증에 해외 교환 학생 경험까지……. 이외에도 다양한 부분에서 취업에 대비해 놓았기 때문에 친구들의 부러움을 사고 있었다.

"특별히 무엇이 걱정스럽다고 이야기하기는 어렵고요, 주변 선배들을 만나 보니 저보다 좋은 스펙에도 많이 떨어졌더라고요. 1년째 취직 못한 선배들도 많고요. 사실 취업이 잘되었다고 이야기하는 선배들 이야기는 거의 못 들어 봤어요. 잠수 타고 있는 선배들이 태반이고……. 취업 준비라는 것이 아무리 준비해도 한계가 있고, 게다가 다양한 요인으로 탈락이 결정되다 보니까 완벽히 준비하고 싶은데 여기저기에서 구멍이 나는 것 같아서 불안해요. 부모님도 볼 때마다 어떻게 준비되고 있냐고 물어보셔서 스트레스예요."

"진아야, 여러 번 말했다시피 어차피 취업에서 완벽한 준비는 불가능하단다. 긴장을 풀지 않고 열심히 하는 자세는 좋지만, 너무 걱정하고 고민하는 것은 오히려 나빠."

'모범생의 딜레마로군…….'

진아를 어릴 때부터 봐 온 홍 대표로서는 예상했던 바였다. 큰 실패 없이 자라 왔기 때문에 자존심이 강하지만, 한편으로는 상대방의 거절이나 탈락에 대한 두려움이 크기 때문에 과감히 도전하지 못한다. 어린 시절부터 부모님이 항상 따라다니며 챙겨 주는 것에 익숙해서, 성인이 된 이후에도 매사에 부모님에게 지나치게 의존하고 스스로 결정하기를 두려워한다. 하지만 성실하게 준비해 온 학생들까지 스트레스를 느껴야 할 만큼 현실이 너무 어렵다는 생각에 안타까운 마음이 들었다.

"그래서 이번 학기에는 상위권 은행 중에서 세 군데 정도만 골라서 지원할까 생각 중이에요. 제 성격상 여기저기 일 벌이고 여러 군데 지원하는 것도 못하겠고, 많이 지원했다가 떨어지면 실망도 너무 클 것 같아서요. 이번에 어설프게 여러 군데 지원했다가 떨어지게 되면 다음에 지원할 때 불리할 것 같아서 불안하기도 하고요. 지원할 때 몇 군데만 정성을 다해서 지원하고, 떨어지게 되면 그때 가서 생각하려고요."

"진아야, 너무 조심하면 오히려 안 좋은 결과가 나올 수도 있어. 어차피 취업을 생각했다면 이번 학기에 모든 것을 건다고 생각하고 최선을 다하는 게 좋단다."

"하지만 너무 불안한걸요? 대학 입시 때도 이렇게 불안하진 않았던 것 같아요."

"그래, 이해한다. 대학 입시는 수학 능력 시험이나 내신이라는 표준화된 선발 기준이 있고, 정말 원하는 대학에 입학하느냐 아니냐의 차이일 뿐 대부분의 수험생들이 대학교에 입학하니까. 하지만 취업은 우선 아무 곳에도 합격하지 못할 가능성도 크고, 절대적인 선발 기준이라는 것이 없기 때문에 이유도 모르는 상태에서 떨어질 수 있지. 여러 가지 면에서 자기보다 부족한 사람이 최종 합격되고 나는 떨어질 수도 있다는 점이 정말 불안할 거야."

"맞아요."

"하지만 몇 군데만 집중적으로 지원한다고 해서 그 회사에 최종 합격이 될 가능성이 높아진다고 보기는 어려워. 지원 회사를 제한하면 그렇지 않아도 서류 통과가 어려운 요즘 같은 시기엔 한군데도 합격 못할 가능성이 있단다."

"휴우…… 그것도 그래요."

"막상 취업 시즌이 되면 자신감이 급격히 떨어질 수 있어. 정도의 차이일 뿐, 너 말고도 대부분의 취업 준비생들이 비슷할 거야. 인생에는 중요한 선택의 순간이 있고 어려운 상황도 많지만, 취업은 성인이 되어 자신의 힘으로 통과해야 하는 첫 번째 관문이야. 그래서 더욱 힘이 들고 고통스러운 것이지. 지금은 실감이 안 나겠지만, 사실 취업은 시작에 불과하단다. 입사하고 나면 사회인으로서 어렵고 외로운 순간들이 더 많을 거야. 안타깝지만, 부딪쳐서 깨지면서 이겨 나갈 수밖에 없단다. 이번이 마지막 기말고사라고 생각하지 말고, 입학 초년생으로 처음 치르는 시험이라고 생각하면 어떨까? 오히려 지금이 시작이라고 생각한다면, 마음이 편해질 거야."

"네, 무슨 말씀인지 잘 알겠어요. 감사합니다."

진아는 전화를 끊고 생각에 잠겼다.

'새로운 시작…….'

대학 생활의 마지막으로 평가받는 것이 아니라 사회생활의 새로운 시작이라 생각하니, 진아의 마음이 왠지 조금은 편해지는 것 같았다.

홍 대표와 전화를 끊고 집으로 가는 길에 진아는 지난주에 승호와 다툰 것을 생각했다. 둘 다 취업 준비가 바빠지면서 신경이 예민

해져서 사소한 일로 티격태격하는 경우가 많았고, 워낙 시간이 없다 보니 다투고 난 후 본의 아니게 한참 동안 연락하지 못하는 상황도 있었다.

하지만 진아는 이번 다툼이 어느 때보다도 심각하게 느껴졌다. 지난 주 진아의 생일이었는데, 저녁이 다 될 때까지 승호의 연락이 없었다. 그래도 '요새 오빠가 많이 바쁘니 그럴 수 있지' 하고 이해했다. 진아도 너무 바빠서 굳이 생일을 챙길 필요가 없다고 생각하고 넘어가려 했기 때문이다. 그런데 그때 지훈에게서 전화가 왔다.

"진아야, 오늘 생일이지? 승호와 저녁 식사 같이 하겠네?"

"아니, 그렇지 않아도 승호 오빠가 바빠서 그런지 연락이 안 오네. 전화도 안 받고……. 나도 집에 일찍 가서 자기소개서 좀 쓰고 쉬려고 해."

"생일날 저녁을 그렇게 보내는 사람이 어디 있어? 잠깐이라도 만나서 축하해 줘야겠네. 지금 어디야?"

"집 근처야. 어차피 피곤해서 일찍 들어가려 했거든."

"그러지 말고, 밥이나 먹자. 전해 줄 것도 있고."

"음…… 그럴까? 그럼 잠깐 보지, 뭐."

지훈은 금세 고급 외제차를 운전해서 진아를 만나러 왔다.

"오빠, 차 정말 멋지다!"

"원래 미국에서 몰던 차야. 한국 들어오면서 배편으로 보냈는데 이제야 도착했네. 놀랄 만큼 좋은 차는 아니고. 자, 밥 먹으러 가자!"

오랜만에 고급 레스토랑에서 맛있는 식사도 하고, 취업으로 인한 스트레스에 대해 수다를 떨다 보니 몇 시간이 훌쩍 지났다. 진아는 지훈의 호의가 싫지는 않았지만 시간도 꽤 늦었고, 무엇보다도 승호에게 미안한 생각이 들었다. 물론 연락을 받지 않은 것은 승호의 잘못이었지만, 이렇게 다른 사람과 오랫동안 시간을 보내는 것은 자신의 잘못이라는 생각이 들었다.

"지훈 오빠, 피곤하기도 하고 시간이 너무 늦어져서 집에 들어가야 할 것 같아."

"그래? 알았어. 아쉽지만 오늘은 이만 들어가자."

진아의 집 앞에서 진아를 내려 주면서 지훈은 생일 선물로 목걸이를 건넸다. 진아는 깜짝 놀라서 손사래를 쳤다.

"오빠, 이런 비싼 선물은 받을 수 없어."

"괜찮아. 행운의 목걸이니까. 이번에 취업을 잘할 수 있도록 행운을 줄 거야."

진아는 끝까지 거절했지만, 지훈은 목걸이를 걸어 주고는 도망치듯 자리를 뜨고 말았다. 한참 그 자리에 서 있던 진아는 골목에서 인기척을 느꼈다. 승호가 꽃다발을 들고 서 있었다.

"진아야, 우리 이야기 좀 하자."

승호가 진아의 생일을 깜빡한 것은 사실이었다. 그날 아르바이트가 평소보다 늦게 끝나는 것을 진아에게 이야기하지 못했고, 진아는 당연히 그 사실을 알지 못했다. 승호는 아르바이트가 끝나고서 진아에게서 전화가 온 것을 보았다.

"아차, 오늘이 진아의 생일이었구나!"

승호가 진아의 생일임을 깨달았을 때는 이미 저녁 시간이 훌쩍 지나서였다. 계속 전화했지만 진아도 마침 가방에 휴대폰을 넣어 두고 있어서 전화를 받지 못했다. 결국, 승호는 다급하게 꽃다발을 사서 진아의 집 앞까지 갔다. 하지만 지훈의 외제차에서 내리며 목걸이를 선물로 받는 진아의 모습을 보자, 승호는 그 자리에 주저앉고 싶었다. 아무리 이해하려고 해도 이해할 수 없는 상황이었다.

한참을 다툰 뒤, 승호는 진아에게 이야기했다.

"진아야, 나는 우리 사이를 의심하지 않아. 그렇지만 취업이 결정되고 난 후 편안한 마음으로 만나면 좋겠다."

승호는 이렇게 이야기하고 진아를 남겨 둔 채 자리를 떠났다. 승호는 진아와 다시 마음 편하게 만나고 싶었지만, 도대체 이 과정이 언제 끝날지 예측할 수는 없었다.

자기소개서에 쓸 만한 경험이 하나도 없다면?

"자신에게 중요한 경험에 대해 정리해 오세요. 가급적이면 다양하게 적어 오기 바랍니다. 다음 시간에는 그 경험을 가지고 자기소개서 문항별로 어떤 내용을 써 내려갈지 이야기를 나눠 봅시다."

본격적으로 자기소개서 작성에 대한 지도가 시작되면서, 승호는 홍 대표로부터 자기 경험을 분석하라는 과제를 받아 머리를 싸매고 있었다.

"아, 나는 그동안 뭘 하고 산 거지? 이렇게도 쓸 내용이 없을까?"

그도 그럴 것이, 돌아보면 승호의 대학 생활은 지극히 평범했다. 남들은 동아리며 학회에 열심히 참여하는 동안 승호는 온라인 게임을 하거나 친구들과 술자리를 가졌고, 그 외에는 아르바이트를 하거나 학교만 왔다 갔다 했다. 2학년을 마치고 군대를 갔다 온 후에도 딱히 이렇다 할 경험이 생각나지 않았다. 3학년 때에는 1~2학년 때 노느라 엉망이었던 학점을 만회하기 위해 정신 바짝 차리고 공부해야 했다.

어학연수나 교환 학생을 통해 해외 경험을 쌓으러 하나둘씩 떠나는 친구들을 보면서 '나도 해외에 나가 봤으면 좋겠다'는 생각을 안 한 것은 아니었다. 하지만 해외 연수 비용을 대 줄 수 있는 집안형편도 아니었을 뿐더러, 군대 가기 전에 망쳐 놓은 과목을 재수강하면서 제때 졸업해야 한다는 부담감에 방학 때마다 계절학기를 꼬박꼬박 챙겨 듣다 보니 시간적인 여유도 없어서 결국은 해외 연수를 포기하고 말았다.

4학년이 되면서 더욱 어려워진 전공 과목의 학점도 잘 받아야 한다는 부담까지 겹치니, 아르바이트하는 시간 외에는 대부분 학교 도서관에 있었다. 그런데도 1~2학년 때 학점이 워낙 낮았던 터라, 학점은 기껏해야 3점대 초반 정도로 그치고 말았다. 영어도 기초가 부족한 데다가 4학년 2학기가 다 되어 허둥지둥 준비하다 보니 점수가 잘 나올 턱이 없었다. 승호는 진아나 지훈처럼 해외 경험도 하고 학점 관리도 잘한 친구들이 부럽다는 생각이 들었다.

'휴우, 이래서 어른들이 항상 열심히 살아야 한다고 이야기하시나 보다.'

뒤늦게 후회해도 소용이 없었다. 서류 마감은 코앞이었고 홍 대표와의 약속은 바로 내일이었지만, 며칠째 컴퓨터 앞에서 한 글자도 쓰지 못하고 있었다.

✦✦✦

"군대 경험하고 봉사 활동 한 번 다녀온 것, 이 두 가지만 적었네요?"

홍 대표는 승호가 반 페이지 정도 분량으로 작성해 온 문서를 들여다보고 있었다.

"네, 그게……. 대표님, 정말 많이 고민했는데 아무리 생각해 봐도 쓸 만한 경험이 너무 없어서요."

승호는 기어 들어가는 목소리로 이야기했다.

"괜찮습니다. 어느 정도 예상은 하고 있었습니다."

"네, 정말 평범하게 대학 생활을 했거든요. 다른 학생들은 도대체 어떤 경험들을 하나요? 다들 쓸 말이 많은가요?"

"누구나 경험과 에피소드가 많은 것은 아니지만, 자기소개서를 작성할 때에는 최소한 서너 개의 독특한 경험을 준비해야 합니다."

승호는 홍 대표의 대답을 듣고 잠시 망설이더니 이야기를 꺼냈다.

"그럼, 지어내거나 다른 사람들이 인터넷에 올려 둔 자기소개서를 참고하면 안 될까요?"

그러자 홍 대표는 표정이 굳어졌다.

"그건 절대 안 됩니다. 당장 급하다고 해서 없었던 일을 꾸며내어 취업 서류를 작성하는 것은 절대 해서는 안 될 행동입니다."

"하지만 예전에 그런 식으로 적당히 베껴서 제출한 사람들도 꽤 있다고 들었습니다. 물론 그 사람들이 합격했는지는 모르겠지만, 일단 급한데 아무 생각도 안 나면 어쩔 수 없지 않나요?"

"정말로 좋지 않은 태도입니다. 우선은 공적인 취업 서류를 작성하는데 거짓을 담는다는 것 자체가 큰 문제입니다. 그리고 결국 면접에 가면 거짓이 드러날 수밖에 없습니다. 면접관들이 가장 싫어하는 것이 거짓말하는 지원자이기 때문에 거짓인 부분을 찾아내기 위해 다양한 방법을 사용합니다. 자신이 직접 경험한 일이 아닐 경우 몇 차례 질문해 보면 여지없이 거짓이 드러나고, 아무리 다른 부분에서 훌륭한 역량을 보인다고 해도 불합격 처리가 됩니다."

"네, 저도 거짓말을 하려던 것은 아닙니다. 그냥 답답하다 보니 말씀드린 거예요."

"승호 씨가 그럴 사람이 아니라는 건 잘 알고 있어요. 하지만 급한 마음에 그런 유혹에 빠지게 되어 돌이킬 수 없는 잘못을 저지르는 경우가 있습니다."

"그러면 어떻게 해야 할까요?"

"본격적으로 이야기를 해 볼까요? 첫째는 적절한 경험을 찾아내고, 둘째는 이를 잘 '포장'합니다."

"포장이라고요? 아까는 거짓말을 하면 안 된다고 하셨잖아요?"

"'거짓말'과 '포장'은 엄연히 다릅니다. '거짓말'은 없었던 사실을 있었던 것처럼 꾸며서 이야기하는 것이고, 여기서 말하는 '포장'은 상대방이 흥미를 가질 수 있도록 실제로 있었던 일들을 잘 설명해 주는 것입니다."

승호는 어리둥절한 표정이었다.

"본격적으로 승호 씨의 사례를 들어 설명해 보겠습니다."

홍 대표는 화이트보드 앞으로 걸어가서 설명을 시작했다.

경험을 포장하라

"실제 사례를 통해 경험을 찾고 이를 잘 '포장'하는 과정을 살펴봅시다. 자기소개서에서 흔히 나오는 질문 중 하나가 '자신의 가장 큰 실패'에 대한 질문입니다. 이 질문에 대해 어떻게 답변하면 좋을까요?"

"가장 큰 실패요? 잘한 것도 별로 없지만 큰 실패라고 할 만한 경험도 없는데요."

"네. 대부분의 사람들은 '가장 큰 실패'라는 말에 부담을 느끼고 마땅한 경험을 떠올리지 못합니다. 하지만 '가장 큰'이라는 말에 너무 연연해하지 말고, 실수하거나 충분히 준비하지 못해서 원하는 것을 얻지 못한 경험이 있을 겁니다. 지금 떠오르는 것이 있나요?"

한참 골똘히 생각하던 승호는 자신감 없는 목소리로 이야기했다.

"음…… 생각해 보니 친구들과 계획 없이 동해안 여행을 갔다가 고생만 하고 돌아왔던 경험이 있습니다."

"물론 더 좋은 사례가 있을 수도 있겠지만, 우선 이것으로 해 봅시다. 좀 더 자세히 이야기해 봐요."

"대학교 1학년 때 친구들과 술 마시다가 갑자기 한 친구가 동해안으로 여행 가자고 해서 다음 날 아침에 여행을 떠난 적이 있거든요. 마침 성수기여서 묵을 곳도 찾지 못하고 다급하게 정하느라 터무니없이 비싼 곳을 잡았는데, 그 때문에 돈도 금방 바닥나고 멤버들끼리 다투다가 원래 4박 5일 예정이던 여행을 1박 2일 만에 마무리 짓고 돌아왔던 일이 있어요."

"끝입니까?"

홍 대표가 장난스럽게 물었다.

"네, 말씀드렸다시피 제 경험들이 대개 이 정도입니다."

"알겠습니다. 이렇게 생각해 봅시다. 기업에서 실패 사례를 묻는 이유가 뭘까요?"

"글쎄요, 질문을 어렵게 내려고 일부러 그런 질문을 만들어내는 것은 아닐까요?"

"그렇게 느끼는 지원자들도 있겠군요. 물론 여러 가지 의도가 있습니다만, 기업은 '실패 사례'라는 자기소개서 항목을 통해 '실패한 경험에서 어떤 교훈을 얻고, 그 이후에 어떻게 개선되었는가'를 보고자 합니다. 이러한 기업의 시각을 이해하는 것이 중요합니다. 이 점에서 힌트를 얻어서 포인트를 잡아 나갈 수가 있지요."

"아, 경험을 분석하기 전에 질문에 따른 기업의 의도를 파악할 필요가 있다는 말씀이군요."

"네, 맞습니다. 그런 후에 기업에서 기대하는 바에 따라 자신의 사례를 정리해 가는 과정이 아까 언급했던 '포장'입니다. 이때 중요한 점은 하나의 사례를 '해당 회사 업무와 관련된 시각'에서 정리하는 것입니다. 즉, 이러한 경험을 통해 얻게 된 교훈이나 역량이 업무를 수행하는 데 어떤 식으로 도움이 될지 정리한다면 가장 좋겠죠."

"그렇군요. '여행' 사례에도 적용될까요?"

"자, 아까 이야기했던 여행 사례를 예로 들어 봅시다. 우선은 실패의 원인을 찾습니다. 여러 이유가 있겠지만, 결국 '충분한 준비가 없이 즉흥적으로 장거리 단체 여행을 떠난 결과 여러 가지 문제가 생기게 되었다'라는 부분이 가장 핵심적인 내용이죠. 그렇다면 우선 이 부분을 정확히 파악하고, 다음으로 그 부분을 개선하기 위한 노력을 보이고, 마지막으로는 이런 점을 개선해서 구체적으로 성공한 사례를 제시하면 좋겠죠. 혹시 그 이후에 다시 여행을 갔던 경험이 없나요?"

"아! 맞아요. 그때 고생은 고생대로 하고 돈도 많이 들었기 때문에 많이 후회했거든요. 그래서 반년 뒤에 친구들과 제주도 여행을 가기로 하고 사전에 철저히 계획해서 저렴한 비용으로 알차게 여행을 다녀온 적이 있어요."

"비록 한 번 실패했지만, 실패를 야기했던 자신의 부족한 부분, 즉 계획성 부족을 정확히 파악했고 그 부분을 개선하기 위해 노력했기 때문에 그 이후에는 유사한 상황에서 성공을 거둘 수 있었단 말이죠. 이러한 내용을 하나의 스토리로 만들어 흥미롭게 설명하는 것입니다. 더불어 '이런 경험을 통해 익히게 된 교훈을 앞으로 회사 업무에 있어서도 잘 활용하겠다'라는 취지의 말을 덧붙이면 좋습니다."

"와, 그렇군요! 질문 하나에 대한 답이 뚝딱 완성되었네요!"

"자기소개서를 작성하기 위해 자신의 경험을 정리하고 분석할 때에는 한두 가지의 키워드를 잡고 이를 중심으로 경험을 정리해 나가는 과정이 필요합니다. 즉, 경험의 사례별로 어떤 강점을 강조하고자 하는지 명확히 정해야 한다는 것이죠. 예를 들어, 아까 여행 사례의 경우에는 '계획성'이라는 단어가 키워드였지요? 이런 식으로 키워드 또는 테마를 세워 정리하면 자기소개서를 구성할 때 효율적입니다. 이처럼 경험과 에피소드를 풀어서 설명하는 문항도 있지만, 또 다른 유형의 자기소개서 항목도 있습니다. 다른 유형의 항목에 대해서도 이야기해 볼까요?"

지원 동기에는
스토리가 필요하다

"또 승호 씨가 어려워할 만한 자기소개서 항목이 뭐가 있을까요? 음…… '지원 동기'에 대해 이야기해 볼까요? '지원 동기' 항목도 대부분의 기업이 요구하는 자기소개서 항목이자 중요한 항목 중 하나입니다."

"앗! 사실 제가 회사에 지원할 때마다 가장 고민하는 항목이 바로 '지원 동기'입니다."

"많은 사람들이 가장 어렵게 생각하는 부분이기도 하지요. 한꺼번에 여러 회사에 지원할 때 '성장 과정'이나 '성격상의 장단점' 등의 항목은 일부 내용을 변경하여 공통적으로 활용할 수 있습니다. 그렇지만 지원 동기만은 그럴 수 없습니다. 업계나 회사, 직무에 대한 관심이 생기게 된 직접적, 간접적 경험을 논리적으로 풀어 나가야 하기 때문입니다."

"듣기만 해도 어려워요. 그런데 '지원 동기'를 통해 회사가 파악하려는 것은 무엇인가요?"

"회사의 입장에서 채용 시 가장 궁금해하는 부분이 '과연 이 지원자가 우리 회사를 오래 다닐까' 하는 부분인데, '지원 동기'를 통해 어느 정도 파악할 수 있습니다."

"지원 동기를 보면 얼마나 오래 다닐 사람인지 알 수 있다고요?"

"회사에 입사해서 짧게는 몇 달, 길게는 몇 년 다니다가 자신이 기대했던 문화와 다르다든지, 업무가 적성에 맞지 않는다는 이유로 퇴사하는 사람들이 있습니다. 회사의 입장에서 어렵게 선발한 인재들이 퇴사하는 것은 큰 손실이기 때문에, 애초에 선발할 때부터 정말로 회사에 들어오고 싶어 하는 사람들만 가려내어 뽑고 싶어 합니다. 그런데 해당 분야를 정말로 원하는 사람들은 몇 가지 공통된 특징을 가지고 있습니다. 우선, 해당 분야에 대해 관심이 많기 때문에 그 분야의 제품에 대해 보통 사람 이상의 지식을 갖고 있는 경우가 많습니다. 또, 인턴십 등을 통해 해당 분야에 대한 경험을 꾸준히 쌓거나, 업무에 대해서도 제법 상세히 알고 있습니다. 더불어, 해당 분야의 최신 동향이나 이슈를 잘 알고 있고, 향후 이 업계가 어떻게 발전해 나갈지, 그리고 자신이 어떻게 이 회사의 성장에 기여할 수 있을지 등을 고민한다면 그 회사에 정말로 들어가고 싶어 할 가능성이 크겠지요? 이렇게 해당 분야에 대해 관심을 갖고 고민하는 사람들이라면 회사에 오래 다닐 가능성이 크다고 보는 겁니다."

"정말 그 정도 관심을 가진 사람들이라면 회사를 오래 다닐 가능성이 높겠네요. 그런데 듣다 보니 결국 관련 경험이 중요하네요. 저처럼 그러한 경험이 많지 않으면 어떻게 하지요?"

"승호 씨가 가장 관심을 갖고 있는 전자 회사를 예로 들어 이야기해 봅시다. 경험한 것 중에 회사에서 관심을 가질 만한 부분이 무엇이 있을까요?"

승호는 또다시 경험에 대한 이야기가 나오자 표정이 어두워졌다.

"평소에 해당 분야에 특별한 뜻이 있어서 관련 회사에서 인턴을 하거나 프로젝트를 진행하는 등의 경험을 했다면 좋겠지만, 모든 사람들이 해당 산업과 회사에 관련한 직접적인 경험이 있을 수는 없습니다. 하지만 사소한 소재라도 내용을 잘 풀어서 좋은 지원 동기를 작성할 수는 있습니다. 사소한 것이라도 좋으니, 전자 제품이나 전자 회사에 관련된 경험이 있나요?"

한참을 골똘히 생각하던 승호는 자신 없는 표정으로 말을 꺼냈다.

"혹시 이런 것도 활용할 수 있을까요? 비록 지금은 퇴직하셨지만, 작은아버지께서 한때 전자 회사에 다니셨거든요. 어린 시절에 작은아버지 댁에 가면 그 회사에서 나온 최신 전자 제품들이 가득했고, 작은아버지께서 하나하나 자세히 설명해 주시곤 했어요. 그러다 보니 전자 제품에 자연스레 관심을 가지게 되었고요."

"좋아요. 그런 것도 지원 동기의 소재가 될 수 있습니다. 좀더 이야기해 볼까요? 그렇게 전자 제품에 대해 관심을 가지게 되었으면 그 지식을 활용했던 기회도 있을 텐데요."

"전자 제품에 관심이 많다 보니, 또래 친구들보다는 전자 제품에 대해 꽤 많이 아는 편이었어요. 학창 시절에 전자 제품을 사려는 친구들이 저에게 좋은 제품을 추천해 달라며 물어보는 경우도 종종 있었고, 아는 것을 설명해 주거나 특정 제품을 권해 줘서 구입한 친구들도 있었어요.”

“좋습니다. 그러한 경험들을 통해 최신 전자 제품을 고객에게 상세히 설명해 주고 이를 판매에 연결하는 영업 업무가 자신에게 잘 맞는다고 생각하게 되었을 수도 있지요. 중요한 것은 사소한 사례일지라도 해당 분야와 관련된 경험을 찾는 것입니다. 그렇게 했을 때 다른 사람들과는 차별화된 진솔한 지원 동기가 나올 수 있습니다.”

“그렇군요. 지원 동기는 이렇게 정리하면 되나요?”

“아니요, 사실 추가적으로 들어가야 할 중요한 내용이 또 있습니다.”

“역시 간단하지 않네요. 또 어떤 부분이 있나요?”

“해당 회사가 성장성이 있는 분야이고, 그중에서도 발전 가능성이 있는 회사라야 가고 싶은 생각이 들겠죠? 따라서 지원 동기를 작성할 때는 산업의 성장성과 함께 회사의 현황과 발전 가능성 등을 잘 이해하고, ‘이러한 부분을 충분히 고려하고 나니 해당 회사에 입사해서 회사와 개인의 발전을 함께하고 싶어졌다’라고 설명해야 합니다. 이러한 지식과 정보를 얻기 위해서는 기업의 웹사이트나 다양한 기업 보고서, 최신 뉴스 등을 분석하고 이를 자기소개서에서 잘 표현하여 해당 분야에 대한 실질적인 관심을 보여 줘야 합니다. 그리고 그 회사에 정말 가고 싶다면, 부족한 지식이나 경험을 지속적으로 채워 나가려는 자세를 가져야 합니다. 지식은 배울 수 있고, 경험이 부족한 것도 노력을 통해 얼마든지 채워 나갈 수 있습니다.”

'부족하면 채워 나간다……. 그렇다! 짧은 기간이라도 부족한 점을 파악하고 채워 갈 수 있다면!'

"지금 지닌 지식과 경험에만 한정해서 생각하지 말고 자신의 지식과 경험을 적극적으로 채워 나가려는 자세가 항상 필요합니다. 이는 지원 동기뿐만이 아니라 다른 자기소개서의 항목에도 적용되는 중요한 원칙이므로 반드시 기억해 두어야 할 부분입니다."

자기소개서 작성의
핵심 포인트

"자기소개서를 쓸 때 중요한 점은 '성장 과정'과 같은 다소 '모호하고 평이한' 질문에 대한 답변을 쓸 때에도 '엄하신 아버지와 인자하신 어머니……'와 같은 '평이한' 내용을 쓰는 것이 아니라 '해당 회사와 직무에 적합한 성장 과정상의 경험'이 무엇일까를 고민해서 써야 한다는 것입니다. 그래야 해당 회사에서 지원자에게 더 많은 관심을 가지게 되는 것입니다. 어떤 질문이든 '해당 회사와 직무의 시각을 잊지 않는다'는 것이 좋은 자기소개서의 핵심이라고 보면 됩니다."

"그렇군요."

"그리고 또 한 가지, 경험의 적절한 배치가 필요합니다. 이를 위해 '회사에서 관심을 가질 만한' 개별적인 키워드 또는 테마를 고려해서, 자신의 경험을 최소한 서너 개의 명확한 에피소드로 정리해 둘 필요가 있습니다."

"에피소드를 서너 개나 찾아서 정리해야 하나요? 이제 두 개나 생겼다고 좋아하고 있었는데요."

"서너 개도 최소한의 숫자입니다. 에피소드를 준비하는 것이 쉬운 일은 아닙니다. 하지만 에피소드들을 한번 정리해 두면, 여러 회사를 지원하는 데 매우 효과적으로 활용할 수 있습니다. 물론 회사별로 자기소개서 질문이 다르고 글자 수 제한도 다르기 때문에 일부는 바꿔야 할 겁니다. 하지만 유사한 분야와 직무에 지원하면 강조해야 하는 키워드도 비슷한 경우가 많아서, 일단 정리해 두면 이를 변형해서 활용할 수 있습니다."

"참, 궁금한 것이 하나 있습니다. 가끔 주변 친구들이 이야기하기로는 자기소개서 내용이 대개 너무 평범하고 비슷비슷해서 서류 검토하는 담당자들이 웬만한 내용에는 눈길도 주지 않는다고 하더라고요. 그래서 항목마다 특이한 제목을 달거나 독특한 소재를 활용해야 한다는 친구들도 있던데, 어떻게 생각하세요?"

"항목마다 글의 내용을 잘 나타낼 수 있도록 제목을 창의적으로 잘 선정할 수 있다면 좋겠지만, 제목을 멋지게 정하는 데 너무 오랫동안 고민하는 것은 바람직하지 않습니다. 간혹 창의적인 제목을 고민하다가 정작 내용에 충실하지 못한 경우도 있습니다. 제목을 통해 흥미를 끄는 것도 좋지만, 결국 '해당 분야의 일을 잘할 수 있는 사람'이라는 것을 보여 주는 것은 내용이기 때문에 역시 가장 중요한 것은 '내용'입니다. 내용 자체를 충실히 하는 데 가장 많은 시간을 할애하시기 바랍니다.

그리고 눈에 띄는 제목을 고민하다가 글의 내용과 동떨어진 제목을 붙이거나 회사에서 보기에 부적절한 단어를 사용하는 경우도 있는데, 이것은 금물입니다. 회사는 효율적이고 전문적인 커뮤니케이션에 익숙한 조직이라는 것을 기억하셔야 합니다. 내용과 큰 상관이 없거나 너무 뜬금없는 제목에는 거부감을 느낄 수밖에 없지요."

"잘 알겠습니다!"

"다음에 만나기 전까지 지원하는 회사의 자기소개서 항목에 맞게 내용을 작성해 보시기 바랍니다."

어느새 오늘도 날이 저물고 있었다.

서류 제출 전,
글자 하나까지 점검하라

    본격적인 취업 시즌이 시작되고 2주째에 접어들면서, 지원해야 할 회사들이 밀려들고 있었다. 승호는 홍 대표의 조언에 따라 하루에 최소한 한두 개, 많게는 네다섯 개의 회사에 꾸준히 지원하고 있었는데, 지원할 회사들과 직무에 대한 방향을 잡고 핵심적인 경험을 미리 정리해 두었더니 많은 회사에 지원해도 그다지 힘들지 않았다. 다만, 마감하기 하루 이틀 전에 여유 있게 지원을 마무리하라는 홍 대표의 조언에도 불구하고, 일정이 몰려 있다 보니 서류 접수 마지막 날 지원하는 경우가 있었다.

    '어휴, 가장 가고 싶었던 A전자 회사까지 접수 마지막 날 지원하게 되었네.'

    승호는 홍 대표에게 다급히 전화를 걸었다.

"대표님, 오늘이 A전자 서류 접수 마감일입니다. 내용은 다 정리했지만 마지막으로 홍 대표님과 확인하고 제출하려고 하는데, 시간 괜찮으신가요?"

"마침 오늘 오후에 잠시 시간이 되네요. 마지막 점검은 다 끝났죠?"

"물론입니다, 벌써 몇 차례나 확인했습니다. 그냥 제출하려 하니 불안해서 최종적으로 몇 가지만 확인받으면 될 것 같습니다."

"알겠습니다. 그렇게 이야기하니 믿음직스럽네요. 한번 믿어 보겠습니다. 이따 봅시다."

"네!"

승호는 전화를 끊고 홍 대표 사무실로 가는 발걸음을 재촉했다.

"또 오타네요. 맞춤법 틀린 것도 여러 개 있고. 확인하고 오신 것 맞나요?"

승호는 홍 대표의 사무실을 찾아가서 자기소개서 내용을 점검하다가 당황했다. 예상치 못한 곳에서 어이없는 실수들이 발견되었기 때문이다.

"여러 차례 이야기했다시피, 자기소개서는 써야 할 내용이 많기 때문에 실수할 가능성이 매우 높습니다. 그렇기 때문에 서류 작성 시에는 정신을 똑바로 차리고 여러 차례 검토해야 한다고 강조했던 겁니다."

승호는 할 말이 없었다.

"확인을 한다고 했는데도 이런 실수들이 발견되니 저도 당황스럽습니다."

"내용에 대해서는 서류를 심사하는 담당자나 면접관별로 합격 여부에 대한 의견이 다를 수 있습니다. 하지만 오타나 맞춤법과 같은 기본적인 실수는 앞으로 중요한 회사 업무에서도 항상 실수할 수 있는 사람이라는 명백한 증거로 봅니다. 또한 서류 전형에서 합격, 불합격이 애매한 경우 탈락될 가능성이 크고, 면접까지 올라간다고 하더라도 불리하게 작용할 수 있습니다. 서류는 제출하게 되면 다시는 되돌릴 수 없다는 것을 명심하세요."

승호는 얼굴이 빨개진 채 말없이 홍 대표의 말을 듣고 있었다. 그도 그럴 것이, 완벽히 준비되었다고 호언장담했던 자신의 모습이 너무도 부끄러웠기 때문이다.

"승호 씨, 실수는 누구나 합니다. 하지만 같은 실수를 반복하지 않고 중요한 일에서 실수하지 않도록 몇 번이고 검토하는 것은 매우 중요합니다. 이번에는 제출하기 전에 실수를 발견했으니 다행입니다. 이번 실수를 거울 삼아 앞으로는 이런 일이 없도록 하면 됩니다."

"네, 명심하겠습니다."

"그 외에 자기소개서 내용 자체는 정리가 잘되었네요. 성장 과정이나 성격상 장단점도 해당 분야에 적합하게 작성되었고, 에피소드에 대한 정리도 중요한 부분들이 잘 표현되어 있어요. 역시 저도 보람이 있네요."

고개를 푹 숙이고 있던 승호는 슬쩍 고개를 들어 홍 대표의 표정을 살폈다. 좀 전까지 딱딱했던 모습은 온데간데없이, 홍 대표는 평소와 같은 온화한 미소를 띠고 승호의 자기소개서를 살피고 있었다.

"그런가요? 다행이네요."

"그건 그렇고. 자기소개서 외에도 이력 사항 등에 대해 상세히 적게 되는데, 궁금한 점은 없었나요?"

"아, 맞다! 그렇지 않아도 몇 가지 여쭤 보고 싶은 부분이 있었습니다. 생활신조와 존경하는 인물에 대해 간단히 적는 항목이 있었는데, 어떤 내용을 적어야 할지 고민이 되었습니다."

"평소에 생각하던 생활신조와 존경하는 인물이 있나요?"

"아니요, 이번에 처음 생각했습니다."

"평소에 생각하는 생활신조나 존경하는 인물이 있다면 솔직히 적는 것이 좋겠지만, 제가 본 대부분의 지원자들은 승호 씨와 비슷한 상황이었습니다. 필수 항목이기 때문에, 결국은 서류 전형을 거치면서 생활신조나 존경하는 인물을 새로 고민해서 적어야 하는 것이죠. 이런 상황에서는 '그 답이 무엇인지'보다는 '왜 그렇다고 생각하는지' 설명할 것을 생각해서 적는 것이 중요합니다."

"그 답을 적은 이유를 말씀하시는 거죠?"

"네, 그 이유는 인성 면접에서 그 질문을 받을 가능성이 높기 때문입니다. 예를 들어, 생활신조에 대해 이야기해 볼까요? 특별히 생활신조가 없다면, 평소 가치관을 잘 드러내면서 해당 직무를 수행하는 데 도움이 될 만한 요소를 부각시키는 생활신조를 적는 것이 좋습니다. 승호 씨의 경우 어떤 것이 있을까요?"

"대단한 건 아니고 '항상 성실히 살자' 정도겠네요."

"좋아요, 성실성은 해외 영업 업무뿐만이 아니라 회사 생활을 하는 데 반드시 필요한 요소니까요. 그런 것도 괜찮습니다. 너무 거창한 것을 지어내려 하기보다는 확신을 가지고 이야기할 수 있는 것을 선택하면 좋습니다. 그리고 그것을 뒷받침할 만한 사례를 찾아서 정리해 두는 것은 기본이겠지요."

"네, 대표님. 감사합니다. 이제는 정말 지원할 준비가 된 것 같습니다. 이제 집에 돌아가서 차분히 마무리하고 제출하겠습니다."

"알겠습니다. 행운을 빕니다!"

자기소개서 주요 항목별 작성 가이드

회사별로 자기소개서 항목은 다양하지만, 공통적으로 많이 나오는 자기소개서 항목이 있다. 이러한 항목을 사전에 파악해 두면, 취업 시즌에 당황하지 않고 여러 회사에 효과적으로 지원할 수가 있다. 여기에서는 가장 자주 나오는 자기소개서 항목을 소개하고 이 항목에 답할 때 중요하게 고려해야 할 사항을 소개하고자 한다. 기본적으로 모든 항목에 답할 때에는 '해당 회사'에서 관심을 가질 만하고 '해당 업계와 직무'에 관련된 내용으로 작성하는 것이 바람직하다.

① 성장 과정

주로 어린 시절부터 대학교 입학 이전까지의 학창 생활 중에서 성격적, 역량적 측면을 형성한 중요한 경험을 잘 선택하여 적는 것이 일반적이다. 내용을 적을 때에는 자신이 속해 있던 모임의 성격이나 맡았던 직책이 중요한 것이 아니고, '어떤 역할'을 해서 '어떤 것을 배웠는지'에 대한 경험을 잘 표현하는 것이 중요하다. 그리고 그 경험이 지원하는 회사와 관련된 분야에 관심을 갖게 되는 데 어떠한 영향을 미쳤는지도 설명해 주면 좋다.

② 성격상 장점

'성격상의 장점'의 경우, 해당 업무를 수행하는 데 장점이 될 만한 성향을 업무 특성과 구체적으로 연결해서 언급하는 것이 좋고, 이러한 성격은 경험을 통해 충분히 설명되어야 한다. 예를 들어, 영업 관리를 담당하는 데 필요한 적극적인 성격을 가지고 있다고 어필하려 한다면, 리더십 경험을 보여 주고 이러한 경험을 통해 적극적인 성격이 형성되었다고 표현하는 것이 좋다.

③ 지원 동기 및 입사 후 포부

지원 동기는 업계, 회사, 직무에 대한 지원 동기가 구체적인 경험과 함께 논리적으로 설명되어야 한다. 입사 후 포부는 단순히 열심히 하겠다는 차원이 아니라, 해당 업무를 단기적, 중기적, 장기적으로 어떻게 수행해서 어떤 목표를 성취하고 싶은지 설명한다. 그러려면 기본적으로 해당 직무에서 하는 일을 구체적으로 알고 있어야 하며, 해당 산업의 발전 방향에 대해서도 알 필요가 있다.

④ 경험에 대한 질문

'대학 시절 교내외 활동 중 가장 성취감이 컸던 경험', '가장 열정적·도전적으로 업무를 수행하여 성공적으로 마무리했던 경험', '타인과 함께 효과적으로 일을 해낸 경험' 등 과거의 경험을 묻는 질문은 최근에 많이 활용하고 있는 질문이다. 이러한 질문에 답할 때는 '어떤 어려운 상황'에서 자신이 '어떠한 노력과 행동'을 통해 '어떤 성과'를 거뒀는지 구체적으로 기술해야 한다. 경험의 내용은 회사 인턴십을 하며 좋은 성과를 낸 사례처럼 업무와 연관 지을 수 있는 내용이 가장 좋지만, 그러한 경험이 없을 때는 학과 프로젝트나 교내외 활동 중 흥미로운 에피소드를 활용하는 것이 좋다.

지원 동기 작성을 위한 기업 및 직무 분석 요령

자기소개서를 작성할 때 가장 많은 지원자들이 어려워하는 부분이 지원 동기다. 왜 해당 산업에서 일하고 싶고 그중에서도 그 회사에 꼭 가고 싶은지, 그리고 그 회사에서는 왜 이 업무를 하고 싶은지 하는 세 가지 요소를 매우 구체적인 근거를 들어서 논리적으로 설명해야 하기 때문이다. 구체적인 근거를 적절히 들기 위해서는 개인적 경험이 필요하며, 해당 분야에 대한 충분한 지식과 정보도 가지고 있어야 한다. 더불어, 이 업계 및 회사에서 원하는 직무를 잘할 수 있는 이유와 그동안의 준비 과정도 표현해야 한다.

특별한 계기로 그 분야와 회사, 직무에 대해 큰 관심을 가지게 되고, 지인을 통해 최신 정보도 충분히 파악하고 있으며, 인턴 경험을 하거나 자격 사항 준비도 이미 철저히 해서 진솔하게 내용을 풀어 나가기만 해도 된다면 가장 바람직하겠지만, 현실적으로 이런 사람은 소수에 불과할 것이다. 준비되어 있는 경우라도 지원 시점에 자신의 생각을 논리적으로 풀어 나가지 못한다면 자기소개서를 읽는 사람에게 충분히 그 느낌을 전달하기 어렵다.

지원 동기를 작성할 때는 해당 산업 및 회사와 직무에 대해 올바른 방법으로 상세하게 조사해야 한다.

[산업 및 회사 조사 방법]

① 기업 웹사이트 가장 기본적인 방법은 기업의 웹사이트를 상세히 살펴

보는 것이다. 모든 기업은 해당 산업에서의 자사의 강점, 최근의 성과 등에 대한 상세한 정보를 제공하기 위해 자사의 웹사이트를 정기적으로 업데이트한다. 특히, CEO 인사말, IRInvestor Relation, 회사 연혁, 기업 홍보 등에 나와 있는 내용을 통해 중요한 정보를 얻을 수가 있다.

② **업계 지도** 시중에서 판매되고 있는 업계 지도 서적을 보면 대기업들이 속해 있는 주요 산업의 종류와 최근 동향 그리고 해당 산업의 주요 기업 목록이 제공된다. 이를 통해 각 기업의 매출 기준 순위와 함께 주요 사업군과 제품 등에 대한 개략적인 정보를 파악할 수 있으며, 전체적인 산업의 맥락을 살펴볼 수도 있기 때문에 해당 산업과 회사를 이해하는 데 좋은 참고 자료가 된다.

③ **금융감독원 전자공시시스템** 금융감독원의 전자공시시스템(http://dart. fss.or.kr)을 통해 각 기업의 사업보고서를 검색하고 열람할 수 있다. 회사의 개요, 연혁 외에도 사업 내용이 상세히 설명되어 있으며, 재무에 관한 사항도 개략적으로 설명되어 있으므로 활용하기 편하다.

④ **증권사 리포트** 증권사에서 제공하는 리포트는 기본적으로 투자자에게 주요 산업과 기업에 대한 투자 의견을 제시하기 위한 목적으로 작성되지만, 각 회사에 지원하는 지원자도 이를 통해 각 기업의 주요 현안과 주요 재무 정보, 경영에 관한 데이터 등 다양한 정보를 파악할 수 있다.

⑤ **기사 검색** 해당 기업에 대한 최근 기사 검색을 통해 최신 정보와 핵심 이슈 및 트렌드 등을 알아볼 수 있다. 주요 검색 사이트에서 해당 기업명, 주요 제품 등의 키워드를 가지고 검색하여 자기소개서에서 활용할 만한 정보를 얻도록 한다.

[직무 이해 방법]

① **기업별 채용 사이트** 최근 주요 대기업은 채용 사이트에 계열사별 직무를 상세히 소개하고 있다. 이는 지원자들이 해당 기업에 지원하기 전에 실제 업무를 최대한 상세히 이해하기를 기대한다는 사실을 보여 준다. 업무에 대한 객관적인 서술과 함께 입사 선배들의 인터뷰를 통해 하루 일과를 소개하고, 입사 전에 준비해야 할 사항을 상세히 설명하는 경우도 있어서 많은 도움이 된다.

② **선배 방문** 가장 효과적인 방법은 실제로 그 업계에서 해당 업무를 하는 사람들 찾아가서 궁금한 내용을 상세히 물어보는 것이다. 마침 원하는 분야에서 일하고 있는 지인이 있다면 더할 나위 없이 좋겠지만, 그렇지 않은 경우라도 인맥을 활용하여 적극적으로 찾아야 한다.

자기소개서 최종 점검 사항

자기소개서를 작성하고 나서 마지막 점검은 필수다. 많은 지원자들이 동시에 여러 회사에 지원하다 보니, 어이없는 실수 때문에 희망하는 회사에 갈 수 있는 소중한 기회를 놓쳐버리는 것을 종종 볼 수 있다. 지원자들이 가장 많이 하는 실수를 비롯한 점검 사항을 아래에 소개하니, 최종 점검 시 활용하도록 한다.

① 글자 수

지나치게 부족한 글자 수는 해당 회사에 충분히 성의가 없다고 보일 수도 있으므로 최소한 제한된 글자 수의 80% 이상은 채우도록 한다. 특히, 다른 곳과 유사한 자기소개서 항목이지만 더 많은 글자 수를 요구하는 회사에 지원할 때, 준비한 내용을 '붙여넣기'만 하여 글자 수가 지나치게 적어 보이면 회사에 좋지 않은 인상을 줄 수 있다.

② 문법, 맞춤법 및 오탈자

기본적인 문법이나 맞춤법, 오탈자에 주의하는 것은 당연하지만, 여러 회사에 정신없이 지원하다 보면 흔히 저지르는 실수다. 특히, 지원 동기에서 해당 회사가 아닌 다른 회사명을 적은 상태로 제출하는 경우는 의외로 자주 일어나므로 특히 주의하도록 한다. 맞춤법이나 오탈자는 문서 작성 프로그램의 '맞춤법 검사' 기능을 통해 어느 정도 파악할 수 있으므로 반드시 확인한다.

③ 문장력과 논리성

글의 내용뿐 아니라 지원자의 문장력과 논리성도 기업이 자기소개서에서 파악하려고 하는 중요한 역량이다. 여러 사람들에게 보여 줌으로써 글의 내용이 쉽게 이해되는지, 논리적으로 무리가 없는지 등을 확인하는 것이 좋다.

④ 주제에 적합한 내용인가

자기소개서의 다양한 항목별로 주제에 적합한 내용을 담았는지 다시 한 번 확인한다. '실패 경험', '가장 큰 성취' 등 자기소개서 항목별로 회사가 원하는 내용이 무엇이며, 적합한 경험을 담았는지를 확인한다.

⑤ 자신의 강점을 충분히 드러냈는가

회사마다 자기소개서 항목은 다르지만, 드러내야 할 강점은 명확히 드러내야 한다. 특히, 자신의 강점을 가장 잘 드러낼 수 있는 경험이 전체 항목에 적절히 포함이 되었는지 마지막으로 확인한다.

⑥ 지원 동기가 명확한가

지원 동기에서는 해당 업계 및 회사, 직무에 대한 동기가 명확히 드러나야 한다. 해당 회사에 대한 최신 정보를 파악하고, 관련 경험을 적절히 활용해야 논리적으로 명확한 지원 동기를 작성할 수 있다.

외국계 회사 합격을 위한 영문 이력서 작성 요령

영문 이력서는 외국계 회사에 지원할 때 반드시 준비해야 하는 서류다. 일부 지원자는 한글 이력서의 형식 그대로 각각의 항목을 영어로 번역하여 작성하기도 하는데, 이는 바람직하지 않다. 여기에서는 외국계 기업에서 선호하는 가장 표준적인 양식을 소개하고, 작성하는 방법 및 작성 시 유의점을 설명한다.

① 영문 이력서에 표준 양식이 있는 것은 아니지만, 다음은 외국계 기업에서 가장 선호하는 양식이다. 일부 기업의 경우 자사의 표준 양식을 웹사이트 등에 공개하고 이에 따라 작성하게 하는 곳도 있으므로 주의한다.

② 자신의 입장이 아닌 희망 회사의 입장에서 매력적인 이력서가 될 수 있도록 만들어야 하며, 그러기 위해 업무에서 어떠한 역량을 필요로 하는지 파악하여 자신의 경험 중 적절한 것을 보여 주어야 한다.

③ 시간 순서는 역순으로 최근 것이 위로 올라가도록 하며, 기간을 명확히 표시해야 한다.

④ 글씨체는 깔끔해 보이는 Times New Roman 또는 Arial을 사용하도록 하며, 굵은 글씨 사용이나 대소문자 사용도 일관성 있게 한다.

⑤ 글자 크기는 9pt 미만이면 가독성이 떨어지므로, 10pt 이상으로 한다.

⑥ 줄·칸 맞추기, 레이아웃, 맞춤법, 회사명 등 기본적인 실수는 치명적일 수 있으므로 주의하도록 한다.

⑦ 내용에 있어서는 '무엇을 했다'는 것보다 '어떤 방식으로 해서 어떤 성과 및 배움이 있었다'라는 내용이 표현되어야 더 흥미롭다.

⑧ 가급적이면 구체적인 숫자를 넣어 주어 근거를 제시하는 것이 좋다.

⑨ 내용이 많다고 좋지만은 않다. 중요한 내용 위주로 간결하게 한 장으로 작성하는 것이 좋다.

⑩ 작성 후 가급적 많은 사람들에게 보여 주고 의견을 받아 개선한다.

GIL-DONG HONG

A-B, Ecareer Apt.,   Home: 00-000-0000
A-dong, B-gu,   Mobile: 000-0000-0000
Seoul, Korea   Email: abc@ecareer.co.kr

인적 사항 : 이름, 주소, 이메일, 연락처 등

EDUCATION

Mar. 20XX – Feb. 20XX	**Ecareer University** *Bachelor of Arts in Business Administration (GPA: 3.60/4.00)* • Concentration: Marketing Strategy • Relevant Courses: Marketing Management, Global Marketing Strategy • Recipient of academic excellence scholarship in 20XX and 20XX	Seoul, Korea
Sep. 20XX – Dec. 20XX	**ABC University** • Exchange student in School of Management	NY, USA

학력 : 학교, 전공, 학점, 주요 과목, 장학금 등

WORK EXPERIENCE

Jan. 20XX – Feb. 20XX	**Ecareer Inc.** *Intern, Strategy Team* • Researched on trends and success factors of consumer retail industry	Seoul, Korea
Jul. 20XX – Aug. 20XX	**ABC Company** *Research Assistant, Business Planning Team* • Participated in customer satisfaction research project	Seoul, Korea

경력 사항(정규직 및 인턴): 회사명, 직책, 부서, 수행 프로젝트 정보 등

EXTRA CURRICULAR ACTIVITIES

Dec.20XX – Feb.20XX	**Ecareer Club** *Vice President* • Established the first voluntary service club and initiated the annual activity plan	Seoul, Korea
Sep. 20XX – May 20XX	**Ecareer Tennis Team** *Member* • Awarded as the best player of the year	Seoul, Korea

과외 활동 : 동아리 등 교내외 활동명, 담당한 역할 등

HONORS AND AWARDS

Jun. 20XX	1st Prize, ABC Competition, ABC Company

수상 경력 : 공모전 및 각종 대회 수상 여부

OTHER INFORMATION

Language	Fluent in English
Computer Skills	Proficient in Excel and PowerPoint

기타 사항 : 외국어, 컴퓨터 활용 능력, 취미 및 특기 등

Part 5

입사를
확정 짓는
면접의
비밀

드디어 면접 통보를 받다

"와! 됐다."

승호는 컴퓨터 앞에서 메일을 확인하며 한동안 모니터에서 눈을 떼지 못했다. 들뜬 마음에 가슴은 한참 동안 쿵쾅쿵쾅 뛰었다.

'이게 꿈이야, 생시야? 인적성검사까지 통과하다니!'

면접 일정이 잡힌 곳은 국내 최대이자 최고라 인정받는 글로벌 전자 회사인 A회사. 승호가 그동안 가장 가고 싶어 하던 꿈의 회사였다. 서류 전형을 통과하고 인적성검사를 볼 때까지만 해도, 면접을 볼 기회가 오리라고 기대하지는 않았다. 게다가 승호가 지원한 직무는 지훈과 같은 해외 유수의 대학 출신도 가고 싶어 하는 해외 영업 팀이었다. 그동안 최선을 다해서 영어 시험을 준비한 만큼 운도 따라서 서류 지원 직전에 영어 성적이 만족스럽게 나왔지만, 이렇다

할 해외 경험이 없는 승호로서는 유학파들이 가장 선호한다는 A회사의 '해외 영업팀'에 지원해서 면접까지 갈 수 있을까 싶었던 것이다.

들뜬 마음에 회사로부터 온 메일을 꼼꼼히 살펴보던 승호의 표정이 갑자기 어두워졌다.

"이런 낭패가 있나……. 면접 날짜가 다른 회사와 겹치잖아."

예전에는 여러 군데 면접이 겹친 친구들을 부러워만 했는데, 막상 자신이 이런 상황에 처하니 난감하기 이를 데 없었다. 승호가 면접을 보게 된 또 다른 기업은 업계 2위의 B회사로, 이곳은 국내 영업팀을 지원했다. 한마디로, '소신 지원'과 '안정 지원' 중에 선택해야 하는 기로에 놓인 것이다.

승호는 오랜만에 진아에게 전화를 걸었다. 진아의 생일날 다툰 후 처음 거는 전화였다. 뛸 듯이 기뻐하는 진아의 목소리가 전화기 너머로 들릴 만큼 커서 깜짝 놀랐다.

"오빠! 정말 축하해! 이렇게 유수 기업 두 군데에서 면접을 보게 될 정도면 더 이상 서류 통과는 고민 안 해도 되겠네."

"글쎄, 이야기했다시피 선택 전에 고려해야 할 사항이 많아서 아직 고민이야. 어차피 면접 일정이 열흘 정도 남았으니 오늘 홍 대표님과 컨설팅 진행할 때 상담해 보고 선택해야지, 뭐."

오랜만에 진아와 통화하고 나니 승호는 마음이 편해졌다.

'홍 대표님이라면 비슷한 상황의 지원자를 많이 상담하셨을 테니, 바람직한 방향을 제시해 주실 거야.'

머리가 아플 정도로 고민은 되었지만, 기분은 정말 좋았다.

❖❖❖

"축하합니다. 자신감을 가지셔도 되겠네요. 유수의 기업 두 군데에서 면접 기회를 잡다니요!"

"모두 대표님 덕분이죠. 정말 감사드려요."

"무슨 말씀을요. 하지만 면접 준비가 이제부터 시작이니 열흘 동안 집중해서 열심히 해 봅시다."

"마음의 준비는 되어 있습니다!"

"그나저나 어디로 면접을 갈지 고민이 되겠군요."

"네, 그렇지 않아도 그게 고민입니다. 오늘은 그 부분에 대해 조언을 받고 싶습니다."

"참 어려운 질문이네요. 먼저 물어보죠. 무엇이 고민인가요?"

승호는 머릿속에 복잡하게 맴돌고 있는 내용을 이야기하기 시작했다.

"이야기를 듣자 하니 초봉은 B회사가 조금 더 높다는 것 같고요. 회사 규모나 업무 자체만 놓고 생각하면 당연히 A회사에서 해외 영업 업무가 하고 싶긴 하지만, 이번에 꼭 합격하고 싶기 때문에 합격 확률을 무시할 수는 없을 것 같습니다. A회사의 해외 영업팀이 B회사의 국내 영업팀에 비해 들어가기가 어려울 테고요."

홍 대표는 승호의 이야기를 들으며 생각에 잠겼다.

'승호 씨의 인생에서 가장 중요한 결정이 될 수도 있다.'

많은 수의 지원자들을 지도하다 보니 승호와 같이 중요한 선택의 시점에서 조언을 요청하는 경우가 많은데, 홍 대표는 이럴 때마다 막중한 책임감을 느꼈다. 진로는 승호가 지금 생각하는 것 이상으로 어려운 결정이기 때문이다. 남들이 볼 때 좋은 기업이라고 해서 나에게도 반드시 좋은 것은 아니며, 초봉이 다소 높다고 해서 나중에도 더 높으리라고 볼 수도 없다. 큰 고민 없이 첫 직장을 선택했다가 적성에 맞지 않는다거나 발전 가능성이 보이지 않는다는 이유로 얼마나 많은 사람들이 퇴사하는가? 진로에 대한 결정은 분명 '정답'이 없지만, 가급적이면 객관적인 정보를 많이 활용해서 불확실성을 줄여 '정답에 가까운 답'을 찾아가는 과정이다.

"승호 씨, 회사를 선택하는 것은 인생에 있어서 매우 큰 결정입니다. 지금처럼 어느 쪽에도 합격되지 않은 상황에서는 더욱 어려운 결정이 될 수 있지요. 제가 정답을 줄 수는 없겠지만 상담을 통해 충분한 정보와 판단 기준을 알려 드릴 테니, 스스로 결정할 수 있을 겁니다."

점심 식사 직후 시작된 이야기는 저녁 식사 시간이 다 되어도 끝나지 않았다. 홍 대표는 고려해야 할 사항으로 각 회사의 주요 사업의 발전 가능성, 연봉 등 장기적인 수입의 관점, 조직 문화, 해외 영업과 국내 영업의 업무 특성, 승호의 희망과 전공, 적성, 그동안의 노력과 발전 가능성 등 다양한 부분을 포함하여 상담을 진행했다. 승호는 홍 대표와의 대화를 통해 장기적으로 성공적이고 만족스러운 직장 생활을 하기 위해서는 자신의 희망이나 적성뿐만 아니라 해당 회사가 앞으로 얼마나 전망이 좋은지, 또 자신의 역량을 얼마나 잘 발휘하여 인정을 받을 수 있는지도 고려해야 하는 요소임을 깨닫게 되었다. 홍 대표와 이야기하며 생각지 못한 부분도 발견했다. 승호는 대학 입시 당시 담임선생님의 조언에 따라 자신이 원하는 대학교에 지원하지 못하고 '하향 지원'을 하면서 현재의 대학에 입학했는데, 이는 승호에게 항상 아쉬움으로 자리 잡고 있었다.

긴 대화가 끝나고, 홍 대표는 마지막으로 승호에게 물었다.

"이제 마음의 정리가 되었나요?"

"네, 역시 A회사로 면접을 가려고요. 대표님과 말씀을 나누고 보니 역시 제가 가장 하고 싶은 일, 그리고 오랫동안 열심히 할 수 있는 일을 선택하는 것이 좋겠습니다. 지난 몇 달 동안 해외 영업 담당자의 꿈을 키우며 영어 공부도 더 열심히 했고, 인생에서 새로운 희망을 가지게 되었거든요. 결과가 어떻게 될지는 모르지만, 이제 목표를 명확히 했으니 더 열심히 해 보겠습니다."

"인성 면접, 프레젠테이션 면접, 토론 면접 등 다양한 유형의 면접을 보게 되죠? 면접 유형이 다양한 만큼 유형별로 준비도 더 철저히 해야 할 겁니다. 아시겠죠?"

"네, 알겠습니다!"

밝은 표정으로 돌아가는 승호를 홍 대표는 흐뭇하게 바라보았다.

면접 때 긴장하지 않는
확실한 방법

다음 날부터 면접에 대한 컨설팅이 시작되었다. 홍 대표는 본격적으로 시작하기에 앞서서, 면접에서 특별히 우려하는 부분이 있는지 물었다. 면접에서 탈락한 경험이 있으면, 대개 자신의 문제를 인식하고 있는 경우가 많다.

"승호 씨는 지난 상반기에 면접을 봤던 경험이 있죠? 면접에서 가장 어려웠던 점은 무엇이었나요?"

"일단 면접장에 가니까 너무 긴장해서 그런지 머릿속이 하얘지는 느낌이었어요. 스터디 멤버들과 모의 면접도 해 보고 예상 질문별 답변도 마련했는데, 막상 면접장에 서니 아무것도 생각이 안 나는 느낌이랄까요? 준비 못했던 질문에는 당황해서 횡설수설하고, 준비했던 질문에 대해서도 자신 있게 이야기하지 못했어요. 집으로 돌아오는 길에 실수한 것만 계속 생각나더라고요. 하여튼 다시 떠올리기도 싫습니다."

승호는 그때 상황이 다시 기억나는지 얼굴까지 빨개졌다. 그러더니 홍 대표에게 물었다.

"다른 사람들보다 특히 긴장을 많이 하는 성격인 것 같아요. 성격상 문제가 있는 걸까요? 게다가 말주변이 좋은 편도 아니거든요. 면접 때 보니 다른 지원자들은 어쩌면 그렇게 또박또박 말을 잘하던지……. 나중엔 주눅이 들어서 더 위축되더라고요. 저 같은 사람이 그런 상황에서도 긴장하지 않는 비법은 없을까요?"

"물론 성격에 따라서 같은 상황에서도 긴장을 더 많이 하는 사람이 있습니다. 승호 씨도 그런 사람일 수도 있고요."

"네, 맞아요. 저도 이런 성격 때문에 책도 찾아보고 학교에서 모의 면접을 했을 때 강사님으로부터 지도받기도 했는데, 특별한 효과는 없었던 것 같습니다."

"주로 어떤 지도를 받으셨나요?"

"강사들은 '면접관들을 밭에 있는 호박이라고 생각해라'든지, '옆집 아저씨라고 생각해라'라고 충고해 주신 분도 있었는데, 면접장에 가서 실제로 그러기는 정말 어렵더라고요. '발성법이 문제이니 목소리를 크게 해 보세요'라든가 '자연스럽게 웃으세요. 입 꼬리를 올리시고요'라고 조언해 주는 분도 있었는데 큰 도움은 되지 않았고요."

사실 승호는 자신감이 부족한 성격 때문에 대학교의 학생심리상담센터에서 상담을 받아 보기도 하고, 관련 분야의 여러 가지 책도 읽고 노력해 봤지만 별다른 효과는 없었다. '막상 면접장에 들어가서 부딪치면 어떻게든 되겠지'라고 생각하고 지난번 면접에도 대책 없이 임했던 것이다.

"성격 때문에 어려움이 있을 수 있지만, 어떻게든 '자신감 있게', '또박또박' 이야기하는 사람으로 보이지 않으면 절대로 통과할 수 없습니다. 특히 승호 씨가 지원하는 해외 영업 담당자는 앞으로 회사 임원들 앞에서 보고해야 하고, 수많은 외국인 고객 앞에서 회사를 대표해서 발표해야 하는 경우도 있을 텐데, 면접장에서 자신감 없는 모습을 보여 주는 사람을 통과시킬 수는 없겠죠?"

"네, 저라도 그런 사람을 뽑고 싶지는 않을 것 같아요."

"성격을 바꾸는 것은 극히 어려운 일이죠. 심리학자들의 연구에 따르면 선천적으로 타고나거나 평생 형성된 성격을 바꾸기는 어렵다고 합니다. 그리고 자세, 목소리와 같이 '겉으로 보이는 부분'만 변화시켜서는 실질적으로 변화하지 못하는 경우가 많습니다."

"그렇군요. 그렇다면 어떤 방법이 필요한가요?"

"결국은 '어떤 질문'에 대해 '어떤 내용'으로 답할지 정확히 파악하고 '실수 없이 자연스럽게' 이야기할 수 있도록 꾸준히 연습하는 것이 핵심입니다. 다년간 수백 명의 지원자들을 지도하면서 그중에는 신체적인 장애나 정신적인 장애가 있어서 자신감 있게 이야기하지 못하는 분들도 있었지만, 적절한 방법으로 준비되었을 때 개선되는 모습을 볼 수 있었습니다. '면접 질문'에 대한 예측, 질문에 적합한 답변이 될 만한 '콘텐츠'의 준비, 끊임없는 연습을 통한 '커뮤니케이션 능력'의 향상! 이 세 가지는 면접을 준비하는 데 반드시 필요하고, 이것이 준비되면 긴장감도 효과적으로 사라집니다."

'면접 질문의 예측, 콘텐츠의 준비, 커뮤니케이션 능력의 향상.'

승호는 면접 준비의 세 가지 요소를 되뇌었다.

"우선, '질문'에 대한 정확한 예측은 '당황스러운 질문'을 받을 확률을 줄이는 데 매우 중요합니다. 면접이 잘 진행되다가도 단 한 번의 당황스러운 상황 때문에 분위기가 바뀌는 경우가 많기 때문입니다. 그리고 '적절한 콘텐츠'에 대한 준비도 중요한데, 자신의 경험과 지식을 해당 기업과 직무 담당자의 시각에 맞추어 해석한 후 올바른 답변을 마련하는 것이 핵심입니다. 마지막으로 필요한 것이 '끊임없는 연습'인데, 원하는 기업에 합격한 사람들은 질문별 답변을 시도 때도 없이 반복 연습하며 완벽히 자기 것으로 만들기 위해 노력합니다. 그만큼 많은 노력을 기울여야 한다는 것이죠. 이러한 기본 사항이 개선되면 목소리, 표정 등 겉으로 드러나는 모습도 달라집니다. 인성, 프레젠테이션, 토론 등의 다양한 면접 방식에 이러한 요소들을 적용하여 준비해 나가는 것이 매우 중요합니다."

홍 대표는 면접장에서 긴장하지 않기 위한 요령으로 몇 가지 팁을 제시했다.

"철저한 노력을 통해 완벽하게 준비한 후에, 잠을 충분히 잔다거나 면접 시작 전에 여유 있게 회사에 도착하고 목과 어깨를 스트레칭하는 등 컨디션 조절을 한다면 도움이 될 겁니다. 그리고 '나는 합격할 사람이다'라고 스스로 다짐하며 마인드 컨트롤하는 겁니다."

인성 면접은
어떻게 준비해야 할까?

이어서 본격적으로 '인성 면접'에 대한 내용이 진행되었다.

"승호 씨, 인성 면접이 뭐라고 생각하나요?"

"말 그대로 지원자의 '인성'이 우리 회사에 적합한지 아닌지를 파악하는 것이 인성 면접이라고 생각합니다."

"물론 말 그대로 '인성'을 평가하는 부분도 있지만, 기업은 '인성 면접'에서 더 많은 것을 파악하고자 합니다. 인성 면접은 면접관들이 지원자에게 궁금한 부분을 자유롭게 질문하는 형식이기 때문에, '인성'뿐 아니라 해당 분야에 대한 '역량'을 평가하기 위한 질문도 하게 되어 '역량 면접'이 포함되는 경우가 많습니다. 그리고 '인성 면접'의 경우 기업의 임원이 면접관으로 참석해서 '임원 면접'이 되기도 하고, 실무자들이 '인성 면접'을 보기도 합니다."

"그렇군요. 인성 면접에서는 정말 다양한 질문을 받을 수 있겠군요."

승호는 고개를 끄덕였다.

"그렇죠. 1분 이내로 하는 자기소개를 시작으로 이력서와 자기소개서에 나오는 내용을 기반으로 한 질문이 가장 기본이 될 것이고, 지원 동기와 전공 관련 질문, 과거에 했던 경험에 대한 질문 등 다양한 면접 질문이 있습니다."

"그렇다면 주로 면접관과 지원자는 몇 명 정도 참석하고, 어느 정도의 시간 동안 진행되나요?"

"회사에 따라 다릅니다만, 일대일로 면접을 진행하는 것을 선호하는 외국계와는 달리 국내 대기업들의 경우는 다대다 면접이 많습니다. 지원자 3~5명에 면접관 3~5명 정도가 참여하는 것이 일반적이지요. 한번에 여러 명의 지원자를 보는 이유는 제한된 시간에 여러 명을 평가하려는 목적도 있지만, 유사한 분야에 지원하는 지원자들을 비교 평가하여 쉽게 우열을 가리려는 의도도 있습니다. 그리고 면접관이 여러 명 들어오는 것은 한 명의 면접관만으로는 여러 명의 지원자에게 질문하고 답변하면서 동시에 평가하고 기록하기가 어렵다는 현실적인 이유 때문입니다. 또한 실무 부서와 인사 부서, 실무진과 임원진 등 다양한 직급의 담당자가 더욱 정확히 지원자를 평가하고자 하는 목적도 있습니다. 진행 시간은 참석하는 지원자의 숫자에 따라 달라지지만, 보통 30분에서 50분 사이로 진행됩니다."

"지난번 제가 참석한 인성 면접은 50분 정도 진행되었는데, 질문을 두세 가지밖에 받지 못해서 정말 허무했습니다. 그나마도 제대로 대답을 못했지만요. 면접을 너무 망쳐서 면접관들이 저에게 관심이 별로 없었나 봅니다."

"면접 질문을 다른 사람들에 비해 적게 받는다면 아주 좋거나 아주 안 좋다는 뜻이죠. 하지만 면접 질문의 숫자만으로 섣불리 합격 가능성을 판단할 필요는 없습니다."

"지금 생각해 보면 지난번에는 정말 아무 생각 없이 면접에 임했습니다. 바쁘기도 했고 특별히 무얼 준비해야 하는지도 몰랐기 때문에, 자포자기하는 심정으로 '솔직히 이야기하고 오면 되겠지'라고 생각하고 면접에 갔거든요. 취업에 성공한 선배 중에는 '면접을 너무 많이 준비하면 면접관들에게 안 좋은 인상을 줄 수 있으니, 있는 그대로 보여 주고 오는 편이 낫다'라고 이야기해 주는 경우도 있었고요."

승호는 그 당시를 회상하며 이야기했다. 사실 무엇을 어떻게, 또 얼마만큼 열심히 해야 하는지 알았더라면 그렇게 성의 없이 준비하지는 않았으리라는 생각이 들었다. 승호의 이야기를 듣던 홍 대표는 고개를 저으며 대답했다.

"자신은 별다른 준비를 하지 않고 합격했으니 그다지 열심히 할 필요가 없다고 이야기하는 선배들은 가까이하지 마시기 바랍니다. 후배를 진정으로 생각한다면 그렇게 이야기하지 않습니다. 면접 준비를 어떻게 했는지는 자신만이 알기 때문에 아무리 열심히 준비했더라도 다른 사람들에게 솔직하게 이야기하지 않으면 알 수가 없습니다. 그리고 면접을 끝까지 통과한 사람들은 정말 친한 사람들이 아니고서는 어떻게 면접을 준비했는지 솔직하게 이야기해 주지 않는 경우가 많습니다. 열심히 하지 않고도 원래부터 뛰어나기 때문에 합격한 것처럼 보이는 것이 더 멋져 보인다고 생각하기 때문이지요. 하지만 최종 면접까지 합격하는 사람들은 그만큼 준비를 효과적으로 잘하고 노력한 사람들입니다. 면접에 임하는 그 순간까지 합격에 대해 고민을 멈추지 않고 끊임없는 노력하는 사람만이 합격의 영광을 누릴 자격이 있습니다."

치열하게 고민하고
끝까지 진지하게

"인성 면접 질문을 정리해 보면 40~50가지 정도로 정리할 수가 있습니다. 이 중에서도 자주 나오는 질문은 열 가지 내외이지요. 주요 인성 질문의 의도를 파악하고 이에 대한 답변을 준비하는 것이 인성 면접 준비에 있어서 가장 중요하므로 이에 대해서는 따로 이야기하도록 하고, 우선은 인성 면접에서 답변하는 요령에 대해 알아봅시다. 가장 먼저 이야기하고 싶은 부분은 '답변 내용에 대해 충분히 고민하라'는 것입니다. 인성 면접에 임하는 지원자들이 흔히 하는 실수 중 하나는 '진지한 고민 없이' 답변한다는 것입니다."

"진지한 고민이라면, 구체적으로 어떤 의미인가요?"

"구체적인 사례를 들어 설명하죠. 실제 면접 상황이라고 생각하고 답변해 주세요. 승호 씨의 경우 지금 이 회사에 들어가고 싶은 이유가 무엇인가요?"

승호는 잠시 머뭇거리다가 이야기를 시작했다.

"음…… 대기업, 그중에서도 큰 회사에서 일하는 것이 연봉이나 복지 혜택도 좋고, 나중에 회사를 옮길 때에도 경력에 도움이 되기 때문입니다. 그리고 제가 원하는 일도 해외 영업이고, 또…….'"

"자, 지금 하신 답변의 경우 '고민 없이' 답변한 전형적인 사례입니다. 어떤 회사도 이런 지원 동기를 이야기하는 지원자를 뽑지 않을 겁니다. 지원 동기에는 꼭 이 회사, 이 직무여야 하는 명확한 이유가 있어야 합니다."

"하지만 이 회사에 가고 싶은 가장 큰 이유가 높은 연봉과 복지 혜택인걸요?"

"설령 그렇다고 하더라도, 그 이유만 대는 것은 아주 무성의해 보일 수 있습니다. 회사는 신입 사원을 채용할 때마다 많은 노력을 기울여서 정말 훌륭한 지원자를 선발하려고 노력합니다. 역량과 품성이 훌륭한 지원자 중에서도 해당 회사에 들어오고 싶은 이유가 명확하고 열심히 노력해 온 사람들을 가려내려 하지요. 실제로 면접관들은 면접에 임하기 전에 많은 준비를 하고 고민을 합니다. 그 면접관들이 봤을 때 자신들보다도 준비와 고민을 덜한 지원자들을 뽑고 싶지는 않겠죠? '돈 많이 주고 잘 대해 주니까 오고 싶습니다'라는 정도로 지원 동기를 이야기하면 면접관들은 굉장히 실망스러운 표정을 지을 겁니다. 그러니 자기소개서의 지원 동기 항목을 충실히 작성하기 위해 고려했던 모든 요소들을 논리적으로 연결하여 설득력 있게 이야기하려는 노력이 필요합니다. 이는 회사에 대한 기본적인 예의라고도 볼 수 있습니다."

"회사에 대한 기본적인 예의……."

"네, 거짓말을 하거나 지나치게 과장하는 것은 금물이지만, 준비가 안 된 모습을 보이는 것도 좋지 않습니다."

"네, 알겠습니다."

"그리고 꼭 언급하고 싶은 사항은 자신의 약점입니다. '자신의 가장 큰 약점'에 대해 어떻게 이야기하나요?"

"지난번 면접에서는 '긴장을 잘하고 그럴 때마다 실수하는 경우가 많다'라고 이야기해서 면접관으로부터 업무에 지장이 있을 것 같다는 지적을 받고 난감했던 기억이 납니다."

"자신의 약점이나 실패 경험을 이야기하는 것은 정말 어려운 일입니다. 모든 지원자들이 면접에서 좋은 모습만 보이려 하기 때문에, 기업은 이러한 질문을 통해 지원자의 약점을 찾으려 합니다. 하지만 업무 수행에 있어서 심각한 약점을 드러내게 되면 상황이 나빠질 수 있으니 주의해야 합니다. 약점을 이야기하더라도 스스로 명확히 인지하고 있고, 이를 개선하기 위한 노력을 게을리 하지 않고 있으며, 실제로 많이 개선되었기 때문에 업무 수행에 지장을 주지 않는다는 인상을 준다면 좋겠지요. 자신의 약점을 잘 알고 끊임없이 개선하는 사람들이 발전하는 법이니까요."

"이해는 되지만, 뭔가 숨기는 것 같아서 찜찜하네요."

승호는 머쓱한 웃음을 지었다.

"어쩔 수 없습니다. 면접장에서는 지원자 모두 제한된 시간에 가장 좋은 모습을 보이려 노력하기 때문에, 단 한 번의 실수만으로 탈락됩니다. 전쟁 중에 군인이 지뢰밭을 조심스럽게 지나가듯이, 답변할 때 지원자는 한 마디, 한 마디에 주의를 기울여야 하는 것입니다. 이것은 냉혹한 현실입니다.

한 가지 더 강조하고 싶은 부분은 입사한 후의 포부에 대해 이야기할 때 자신 있고 당당하게 이야기하라는 것입니다. 많은 학생들이 자신의 포부를 이야기할 때 '아직 입사도 안 했는데……'라고 생각해서 자신 없이 이야기하곤 합니다. 하지만 최선을 다해서 큰 목표를 이루고 싶다고 당당하고 자신 있게 말하는 것은 중요합니다. 신입 사원이라면 큰 포부를 안고 열심히 할 자세가 되어 있어야 하며, 신입 사원의 활기찬 모습 덕에 조직이 활기를 띠게 되기도 합니다. '면접 내내 자신감 넘치는 모습을 보이는 것', 이것이 마지막으로 강조하고 싶은 점입니다."

합격은 시간 문제,
위축될 필요 없다

"아, 또 늦잠이다!"

승호는 눈뜨자마자 시계를 보고 허겁지겁 나갈 준비를 했다. 최근 들어 밤늦게까지 면접 준비를 하다 보니, 늦잠 자는 날이 부쩍 많아졌다. 오늘은 점심 약속 때문에 시간이 없어서 오전에 컨설팅 과제를 모두 끝내야 한다. 진아와 지훈이 취업 턱을 낸다고 했기 때문이다. 그사이 진아는 목표한 대로 국내 유수의 은행에 합격했고, 지훈도 유명 외국계 기업의 마케팅 부서에 합격했다. 지훈은 서류를 통과한 대기업도 몇 군데 있었지만, 고민하지 않고 외국계 기업으로 입사를 결정했다. 지훈이 합격한 곳은 '마케팅 사관학교'라고도 불리는 외국계 기업으로, 향후 목표로 하고 있는 해외 MBA로 진학할 때 훌륭한 경력으로 인정될 만한 곳이었다.

둘의 합격 소식을 듣고 승호는 몇 번이나 생각했다.

'나도 취업된 후에 만나자고 할까?'

그래도 그동안 스터디를 함께 해 온 멤버로서 둘의 취업을 축하하는 것은 당연한 일이었다. 셋이서 취업 스터디를 했는데 두 명은 훌륭한 회사에 취업되었고, 승호 혼자 취업이 안 된 상태로 남아 있으니 더 위축되는 것은 사실이었다. 하지만 취업이란 언제 끝날지 모르는 싸움이니 언제까지나 친구들을 멀리할 수는 없었다.

'그래, 홍 대표님 말대로 주변 사람들을 항상 당당히 대하자.'

승호는 약속 장소로 나갔다. 진아와 지훈은 먼저 나와 있었고, 환한 얼굴로 승호를 맞이해 주었다. 승호도 웃으며 축하의 악수를 건넸다.

"진아야, 지훈아, 취업 축하한다. 역시 둘 다 능력 있는 사람들이라서 유수의 회사에서 모셔 가는구나!"

"오빠도 다음 주에는 분명히 좋은 결과가 있을 거야."

환한 얼굴로 이야기하는 진아에게 승호는 웃음으로 답했다.

'이번 면접에서 꼭 합격해서 진아 네 앞에 당당히 설 거야.'

지훈은 역시 짓궂게 이야기했다.

"빨리 취업해라. 바쁠까 봐 편하게 연락도 못하잖아. 하여튼 끝까지 속 썩인다니까."

낄낄대며 장난치는 지훈에게 승호도 지지 않고 큰소리쳤다.

"걱정 마라! 나도 금방 취업해서 너희들보다 비싼 곳에서 한턱 쏠 테니까."

승호는 지훈에게 자신 있게 이야기하면서 스스로 굳게 다짐하고 있었다.

'그래, 두고 봐라. 너희 못지않게 좋은 기업에 보란 듯이 합격하고 말 거야!'

진아와 지훈과의 점심 식사를 마치고 나서, 승호는 바로 홍 대표의 사무실로 달려갔다. 취업 시즌답게 홍 대표의 사무실은 취업 컨설팅과 강의에 대해 문의하는 학생들로 붐비고 있었다. 한 학생의 컨설팅이 끝나고 나서, 승호는 홍 대표의 사무실로 들어갔다.

"대표님, 안녕하세요. 정말 바쁘신가 봐요."

"네, 사실 취업은 꼭 시즌 때가 아니라 평소에도 착실히 준비할 수 있는데, 대개는 서류 제출과 면접 일정에 임박해서 급하게 준비하는 경우가 많아 안타깝습니다. 좀더 장기적으로 준비한다면 합격 확률을 높일 수 있을 텐데 말입니다. 승호 씨처럼 몇 주 전부터라도 시작해서 좀더 착실히 준비한 지원자가 더욱 유리하겠죠?"

"그 기대에 부응하기 위해서라도 꼭 좋은 결과 보여 드리도록 노력하겠습니다. 소식 들으셨는지 모르겠지만, 진아와 지훈이는 각자 원하는 기업에 합격했다고 하더라고요. 그 친구들에게 한턱 얻어먹고 오는 길입니다."

"두 분에게 이야기는 전해 들었습니다. 잘되었네요. 두 친구들의 경우 미리 기본적인 준비가 되어 있었던 것도 사실이지만, 부족한 부분을 지적하자 적극적으로 개선했거든요. 그만한 노력이 뒷받침되었으니 좋은 결과가 나온 것이지요."

"저도 합격된 후에나 친구들을 만날까 고민했습니다만, 대표님의 조언에 따라 만나기로 했습니다. 더구나 두 친구들은 저와는 절친한 친구들이니까요.”

"잘하셨습니다. 위축될 필요가 없습니다. 두 친구는 이제 취업 선배가 되었으니 승호 씨를 도와줄 수 있는 부분도 많을 겁니다. 취업은 장기전입니다. 마음을 편하게 가지고 삶의 중심을 잘 잡아야 자신감 있게 취업 준비를 할 수 있습니다.”

내 삶에서 최대한
많은 경험을 발굴하라

"오늘은 면접에서 활용할 수 있는 경험을 발굴하는 요령을 알려드릴 텐데, 시간의 흐름에 따라 어떤 식으로 경험을 찾고 내용을 전개할 수 있는지 설명할게요."

"시간의 흐름이라 하면, 제가 살아 온 인생 말인가요?"

"네, 맞습니다. 더 정확히 이야기하면, 주로 '대학교 시절과 그 이후'의 인생입니다. 고등학교 때까지는 자율적으로 판단해서 결정할 만한 일이 많지 않다고 보기 때문에, 기업은 지원자의 대학교 때와 그 이후의 인생 경험에 관심을 가집니다. 자신의 의지에 따라 노력해서 성과를 내는 의미 있는 경험은 주로 대학교 때부터라고 보는 것이죠. 물론 드물지만 사람에 따라서는 고등학교 때에도 충분히 의미 있는 경험을 하는 경우도 있습니다."

홍 대표는 화이트보드에 '과거', '현재', '미래'라는 세 단어를 쓰고 이를 화살표로 연결했다.

"이 방법은 크게 두 가지 면에서 유용하게 사용될 수 있습니다. 첫째로는 각 시기별로 꼼꼼하게 경험을 나열하여 스스로 의미 있는 경험을 찾아내고 정리할 수 있고, 두 번째로는 과거와 현재 그리고 미래를 관통하며 유기적이고 논리적으로 설명되어야 하는 사례의 경우 일관성 있게 설명할 수 있습니다."

"시기별로 경험을 꼼꼼히 나열하다 보면 빠뜨릴 수도 있는 중요한 경험을 찾아내는 데 유용하겠네요?"

"그렇습니다. 면접 준비를 하는 사람들이 가장 고민하는 점이 이야기할 만한 경험이 별로 없다는 것입니다. 하지만 대학교 생활을 1학년 1학기, 여름방학, 1학년 2학기, 겨울방학, 이런 식으로 세분화하고 각각의 기간에 의미 있는 경험을 반드시 하나는 찾아낸다는 마음으로 기억을 떠올리다 보면 의외로 좋은 경험을 찾아내곤 합니다. 막연히 생각나는 것만 떠올리는 '소극적인 사고 과정'에 비해 이러한 '적극적인 사고 과정'을 거치게 되면 훨씬 많은 사례를 발굴할 수 있습니다."

"시기별로 무조건 하나 이상씩 찾아내는 것이군요."

"그렇지요. 또 다른 방법은 좀 전에 찾은 다양한 사례를 과거와 현재, 미래의 시점에서 서로 모순이 없도록 연결하는 것입니다. 예를 들어, 자신이 '목표로 하고 있는 회사'에서 '원하는 직무'를 수행하려는 '미래'의 목표를 위해, '과거'에 어떤 노력을 해 왔고 '현재'에는 얼마만큼 준비가 되어 있는지를 설명해 줍니다. 이를 위해서는 지원하는 회사와 직무에서 필요로 하는 요소를 충분히 이해해야 하고, 과거 경험과 현재의 역량을 논리적으로 연결시켜야 합니다."

"과거에 경험할 당시에는 이 회사에 대해 자세히 알지 못했는데, 그래도 되나요?"

"면접을 보는 면접관들이 지원자의 역량을 쉽게 이해하게 하려면 논리적인 설명이 필요합니다. 물론 대학교 1학년 때부터 '이 회사와 이 직무를 목표로 하고 살았다'라고 설명하는 것은 무리입니다. 하지만 기본적으로 이러한 시각을 가지고 산업과 회사, 직무를 연구하고 자신의 역량을 연관시키려 지속적으로 노력할 필요가 있습니다. 논리적으로 다듬어질수록 지원 동기와 역량을 면접관들이 훨씬 수월하게 이해할 수 있을 것입니다."

"잘 알겠습니다!"

"오늘은 과거에 했던 일을 시기별로 브레인스토밍하고 정리해 보기 바랍니다. 전공 과목에서 진행한 프로젝트도 좋고, 학교에서 있었던 작은 행사도 좋습니다. 물론 회사 업무와 직접적으로 연관되면 좋겠지만, 우선은 다양하게 경험을 발굴한 이후에 업무와 연관시킬 수도 있으니 처음부터 부담을 갖지 않는 것이 좋습니다. 다음 시간에는 그 사례를 가지고 어떻게 스토리를 풀어 갈지 이야기해 봅시다."

승호와 진아,
위기를 맞다

지난번 진아의 생일 이후로 서로 연락은 뜸했지만, 승호는 7년이 넘는 시간 동안 연애해 온 커플이니만큼 서로에 대한 신뢰는 변치 않았다고 확신하고 있었다.

진아에게 직접 이야기하지는 못했지만, 며칠 전 진아와 지훈의 취업 기념 식사를 한 이후로 승호는 '보란 듯이 대기업에 취업해서 나도 진아에게 자랑스러운 남자 친구가 될 거야!'라고 하루에도 몇 번씩 다짐하고 있었다.

홍 대표와의 컨설팅을 마치고 집으로 돌아가는 버스 안에서 전화벨이 울렸다. 진아였다.

"오빠, 면접 준비는 잘하고 있지? 한참 바쁜 때인 건 알지만, 오늘 잠시 볼 수 있을까?"

"괜찮아. 지금 집으로 가던 길인데 간만에 둘이서 차나 한잔 할까?"

"그러면 지금 오빠 집 앞에 있는 커피 전문점으로 갈게."

승호의 집 앞 커피 전문점은 북카페로, 승호와 진아가 함께 공부하며 많은 시간을 보낸 곳이기도 했다. 곧 진아가 초췌한 얼굴로 나타났다.

"오빠, 오랜만이네. 반가워."

진아는 밝은 표정을 지으려 애를 썼지만, 많이 울었는지 눈이 부어 있었다.

"뭐 마실래?"

"늘 마시던 걸로."

둘은 테이블을 사이에 두고 마주하고 앉았다. 잠시 어색한 침묵이 흐른 후 승호가 말문을 열었다.

"별일 없지?"

"오빠, 사실 오늘 할 말이 있어서 왔어."

입술을 살짝 깨물고 있다가 떨리는 목소리로 말을 시작하는 진아를 보며, 승호는 불안한 마음이 들었다.

"부모님께서 우리 사이를 반대하셔. 그것도 아주 많이."

승호는 '쿵' 하고 가슴이 철렁 내려앉았다.

"무슨 말이야?"

"그렇지 않아도 오빠가 바쁘고 정신없을 것 같아서 이야기하지 않으려 했는데, 나도 너무 힘들어서 오늘은 만나서 이야기하고 싶었어. 오빠도 알다시피, 지난 몇 년 동안 부모님께서 우리가 교제하는 사실은 알고 계셨고 특별한 말씀은 없으셨기 때문에 암묵적으로 인정하신 줄로만 알고 있었어. 가끔 엄마가 '승호는 취업이 되었니?'라고 물어보실 때마다 '준비 중이에요. 요즘 취업 어려운 거 아시잖아요'라고 이야기하면 걱정하시긴 했지만……. 그런데 어제 부모님께서 '이제 오빠와 헤어지는 것이 좋겠다'라고 이야기하시는 거야."

진아는 울음을 터뜨리고 말았다. 승호는 마음이 아팠다. 사실 승호도 진아가 취업한 이후 불안한 마음이 커진 것은 사실이었다. 자신이 진아의 부모라도, 미래가 불확실한 남자 친구에게 훌륭한 회사에 취업한 딸을 맡길 수 없을 것 같았다.

부모님의 마음이 이해할 수 없는 것은 아니지만, 이대로 진아를 놓칠 수는 없었다.

"나도 부모님에게 대들기도 하고 화도 내고……. 오빠도 알다시피 부모님께 이런 적은 처음이야. 하지만 부모님을 거역하기가 너무 힘들어."

승호는 잠시 할 말을 잃고 조용히 생각에 잠겼다. 진아가 얼마나 힘든지 이해할 만했다.

"진아야, 잠시만 기다려 줘."

승호는 진아의 손을 꼭 잡으며 차분히 이야기했다.

"안타깝지만, 내가 하루라도 빨리 취업해서 부모님께 믿음을 드리는 것 외에는 다른 방법이 없을 것 같아. 면접까지 얼마 남지 않았어. 남은 시간 동안 후회 없이 열심히 준비하고, 반드시 취업해서 부모님께 당당히 교제를 허락받도록 하자. 날 믿고 조금만 기다려 줘."

"……."

말없이 찻잔만 바라보는 진아를 보며 승호는 생각에 잠겼다.

'세상은 왜 나를 괴롭히는 걸까?'

마주 보고 있는 둘 사이로 해가 저물며, 그렇게 또 하루가 지나가고 있었다.

인성 면접의 핵심, 스토리텔링 기법

다음 날, 면접 컨설팅이 이어졌다. 본격적인 컨설팅이 시작되기 전, 승호는 답답한 마음에 어제 있었던 일을 홍 대표에게 털어놓았다. 누구에게도 이야기하기 어려운 고민도 컨설팅을 진행하면서 홍 대표에게 상담을 받곤 했다. 한참 듣고만 있던 홍 대표는 말을 꺼냈다.

"안타까운 일이지만, 승호 씨가 갖고 있는 고민은 이 시대를 사는 대다수의 젊은이들이 겪는 어려움이랍니다. 아버지들의 이른 퇴직, 높은 대학 등록금에 대한 부담감, 바늘구멍 통과에 비유될 만큼 어려운 취업, 결혼에 대한 현실적인 고민까지……. 이러한 현상은 승호 씨의 잘못으로 인한 것이 아니니 스스로를 책망하지 마세요. 사회에 만연한, 전반적이고 구조적인 문제이지요. 하지만 결국은 누구나 이겨 나가야 하는 과정입니다. 그리고 승호 씨는 지금 누구보다도 잘하고 있어요. 너무 걱정 말고 힘냅시다."

"감사합니다. 더 열심히 해 보려고요."

승호는 조금 힘이 났다. 홍 대표는 화이트보드 앞에 서더니 본격적으로 강의를 시작했다.

"자, 그럼 시작해 볼까요? 오늘 진행할 부분은 인성 면접에서 가장 중요하다고도 볼 수 있는 스토리텔링 기법입니다. 면접 때 보면 어떤 사람들은 자신의 경험을 조리 있게 설명하면서 면접관들이 집중하게 만들고, 그 경험에 대한 면접관들의 다양한 질문에서도 잘 대답하면서 면접을 통과합니다. 하지만 어떤 사람들은 직접 경험한 일을 설명하는 것도 어려워하며 면접관들을 지루하게 만들고, 기본적인 질문에도 제대로 답변하지 못해서 면접 통과에 어려움을 겪습니다. 오늘은 그 둘의 차이점에 대해 설명하도록 하겠습니다."

"지난번 면접 때 느꼈지만, 분명히 제가 했던 일인데도 면접장에 가면 기억나지 않고, 질문을 받았을 때 어떻게 답해야 할지도 모르겠더라고요."

"많은 지원자들이 비슷한 어려움을 이야기합니다. 대부분의 경우 기억력의 문제라기보다는 스토리텔링의 기본을 이해하지 못하기 때문입니다. 올바른 방법으로 연습한다면 다양한 질문에 대처하는 능력을 기를 수 있습니다."

"스토리텔링이라면 소설이나 영화 시나리오를 쓰는 데 이용하는 기법이 아닌가요? 면접에서 스토리텔링이 왜 중요한가요?"

"스토리텔링 기법은 기본적으로 작가들이 소설이나 시나리오를 쓰는 데 활용하는 방법이지만, 면접 답변을 준비하는 데에도 매우 중요한 기술입니다. 많은 경우 면접관들은 무의식적으로 스토리 전개를 생각하며 지원자들에게 질문을 해 나가기 때문에, 이 기법을 잘 활용하면 면접관들의 질문을 효과적으로 예상하여 대비할 수 있는 장점도 있습니다. 면접관들은 면접장에서 지원자의 답변 내용에 따라 지원자를 평가하고, 지원자가 입사 후에도 유사한 상황에서 효과적으로 대처할 수 있을 것이라 예측하므로 이는 매우 중요합니다. 자신이 한 경험이 면접관에게 '실제로 한 일'로 받아들여지려면, 스토리의 전개를 충분히 감안해서 답변을 준비해야 합니다.

스토리를 전개해 나가는 데는 다양한 방법이 있지만, '드라마틱'한 요소가 필요하다는 것이 가장 핵심입니다. 소설이나 시나리오에서 '드라마틱'하다는 것은 '누가 무언가를 이루려 하는데 그것을 이루기가 매우 어렵다'라는 뜻입니다. 어려운 목표를 이뤄 가는 과정과 구체적인 성과를 보여 주는 것이 필요하죠."

"아, 그렇군요. 이해는 가지만 실제로 면접 답변에 어떻게 적용할 수 있을지는 모르겠습니다."

"물론 실제 시나리오 작가처럼 '드라마틱'하게 전개하기는 매우 어렵습니다. 그러나 면접 준비를 하면서 전문 작가가 될 필요는 없습니다. 자신이 실제로 한 경험을 상대방이 흥미롭게 들을 수 있도록 전개하면 되는 것이죠. 다양한 방법이 있지만, 승호 씨와 같이 처음 스토리텔링에 접근하는 사람이 활용할 수 있는 가장 기본적인 방법으로 STAR 기법이 있습니다. STAR는 Situation(처했던 상황)-Task(목표 과업)-Action(자신의 행동)-Result(결과)의 약자인데, '얼마나 어려운 상황'에서 '어떤 도전적인 목표'를 갖고 있었으며, 남들과는 다른 '자신만의 행동'을 통해 얼마만큼 '구체적인 결과'를 얻었느냐 하는 것입니다. 이를 통해 기본적인 내용을 전개할 수 있습니다. 예를 들어 보죠. 승호 씨는 대학 시절 가장 큰 성취감을 느꼈던 사례로 어떤 경험을 들 수 있나요?"

승호는 한참 생각했다.

"딱히 성취라고 하기는 어렵지만, 최근에 영어 시험 성적이 많이 올랐을 때 성취감을 크게 느꼈어요."

"참고로, 자신의 경험을 이야기할 때 가장 기본이 되는 것은 자신감입니다. 사소한 경험이라도 스스로 확신을 가지면 그 답이 정답인 겁니다. '남들은 정말 대단한 경험을 가지고 있지 않을까?'라고 생각할 수도 있지만, 실제로 '대단한 경험'을 가진 사람은 많지 않습니다. 자, 그럼 영어 성적을 올렸던 경험에 대해 이야기해 볼까요? 우선 STAR 기법에 따라 내용을 간단히 구성해 봅시다. 우선 S(상황)는? 그 상황이 얼마나 어려운 상황이었나요? 육체적 또는 정신적으로 어려웠던 부분을 생각해 보세요."

"아르바이트도 많이 하고 있었고, 챙겨야 할 집안일도 있어서 시간 내기가 무척 어려웠습니다."

"그러면 T(목표 과업)는 얼마나 달성하기 어려운 것이었나요?

"아시다시피 제가 어학 연수 경험도 없고 영어를 제대로 공부하지 않았기 때문에 해외 영업팀 지원자로서 손색없는 영어 점수를 따기는 매우 어려웠습니다."

"그러면 그 다음은 A(자신의 행동)죠. 그래서 어떻게 공부했지요?"

"우선 초반에는 저와 비슷한 조건에서도 좋은 영어 성적을 받은 친구들을 만나서 효과적인 방법을 찾으려 노력했고, 계획을 최대한 꼼꼼히 수립했습니다. 마지막 한 달 정도는 절대적인 공부 시간을 충분히 확보했고요. 평소보다 잠을 두 시간 정도 줄이고, 버스나 지하철을 타고 이동하는 동안에도 열심히 공부했습니다."

"그럼 마지막으로 R(결과)은 어땠나요?"

"효과적인 방법으로 열심히 노력한 결과, 저도 믿기지 않았지만 해외 영업팀에 지원해도 무리가 없을 만큼 좋은 점수를 얻게 되었습니다. 토익 점수가 두 달 만에 200점 정도 올랐으니 기적에 가깝다고 할 수 있지요."

"좋아요. 지금까지 이야기한 내용들을 적절히 정리해서 하나의 스토리로 풀어 나갈 수 있을 겁니다. 물론 면접에서 시간의 제약 때문에 항상 STAR 기법에 맞추어 이야기할 수는 없습니다. 하지만 이렇게 이야기하는 습관을 들여서, 상세하게 내용을 구성하여 연습해야 합니다. 이렇게 함으로써 자신의 경험을 면접관들에게 흥미롭게 전달하고, 면접관의 질문에도 효과적으로 대응할 수 있습니다."

"아, 이렇게 이야기를 정리하고 나니 제가 한 경험도 그리 나쁘지 않네요."

"그럼요. 자신감이 중요한 겁니다. 다음 시간의 과제로, 방금 이야기한 경험을 상세히 정리하고 다양한 질문들을 예측해서 답변을 준비하기 바랍니다. 하나의 사례에 대해 내용을 지속적으로 정리하고, 나올 만한 질문을 빠짐없이 예측해 보면 상세한 스토리가 완성됩니다. 이렇게 자신이 겪은 주요 경험들 네다섯 가지를 하나씩 정리하면, 인성 면접에 효과적으로 대비할 수 있습니다."

승호는 집으로 돌아와서 자신이 겪은 다양한 경험에 스토리텔링의 기법을 적용해 보았다. 처음에는 어려웠지만, 하나의 사례에 꼼꼼히 적용해서 완전한 스토리로 전개하는 것을 반복 연습하다 보니 생각보다 쉽게 풀렸다. 그리고 나니 또 다른 사례에 적용하는 것은 그리 어렵지 않았다. 승호는 홍 대표에게 이메일을 보냈다.

'대표님, 말씀해 주신 대로 연습하다 보니 스토리 전개에 자신감이 붙었습니다. 또 자신감 있게 이야기할 거리가 생기니 면접 준비가 한층 수월해지는 느낌입니다.'

잠시 후 홍 대표에게서 답장이 왔다.

'잘하고 계시네요! 계속 다듬어 나가다 보면 더 완성도 높은 이야기가 될 겁니다. 파이팅!'

아킬레스건에 대비하라

"나이스 투 밋 유. 마이 네임 이즈 승호 리. 마이 메이저 이즈…….
에이, 벌써 두 시간째인데 정말 안 외워지네."

승호는 몇 시간째 책상을 떠나지 못하고 있었다. 영어 면접이 큰
부분을 차지하지는 않지만, 해외 영업 지원자이니만큼 영어로 자기
소개 정도는 할 수 있어야 했다. 영어 성적은 지난 몇 달간 피나게
노력해서 올려놓았지만, 영어로 말하는 것은 단기간에 해결하기 어
려웠다.

특히 해외 경험이 전혀 없는 승호로서는 발음과 억양이 가장 자신
없었다. 한번은 스터디에서 해외파인 지훈과 해외 교환 학생 경험이
있는 진아와 함께 영어 토론을 진행한 적이 있는데, 지훈이 승호의
영어 발음을 못 알아듣겠다면서 놀리는 바람에 얼굴이 빨개져서 뛰

쳐나갔을 정도였다. 영어야말로 승호에게는 가장 힘든 부분이었다.

"어? 벌써 시간이 이렇게 되었네. 오늘 홍 대표님 사무실에 가면 영어 면접에 대해서도 조언을 구해야겠다."

홍 대표의 사무실에 가니 오늘따라 문이 닫혀 있고 문 위에 '집필 중'이라는 메모가 붙어 있었다. 승호는 약속 시간이 다 되었는지 확인하고서, 조심스럽게 노크하고 방으로 들어갔다.

"대표님, 안녕하세요? 들어가도 될까요?"

"오셨군요! 미안해요. 약속 시간이 다 되어 문을 열어 둔다는 걸 깜빡 잊었네요. 어서 들어오세요."

"집필 중이시라면…… 책을 쓰고 계신 건가요?"

"맞아요. 가급적이면 많은 지원자들에게 취업 준비 방법론을 알려주고 싶은데, 가장 좋은 방법은 역시 책을 쓰는 것이라고 생각했습니다. 바쁘다는 핑계로 그동안은 조금밖에 쓰지 못했는데, 이제 마무리 단계라서 집중하고 있어요."

"우와, 바쁘신 와중에 책까지 쓰시고, 정말 대단하신데요!"

"인생은 새로운 도전의 연속이지요. 원하는 회사에 합격하기 위해 최선을 다해 도전하는 지원자들을 매일 만나다 보니, 저도 항상 도전하는 모습을 보여야 한다고 생각합니다. 앞으로도 다양한 방면에서 더 많이 도전하고 싶기도 하고요."

승호가 진아에게 듣기로 홍 대표의 인생은 도전의 연속이었다. 국내와 해외에서 최고 수준의 대학과 대학원을 졸업하고, 가장 안정적이라고 알려진 회사에서 인정받아 전 세계를 누비며 활약하다가 돌연 생소한 사업을 시작한 것부터가 흔한 선택은 아니었다. 어쩌면 홍 대표는 '인생이란 새로운 도전의 연속'이라는 말을 스스로 실천하는 모습을 보여 주고 싶은 것이 아닐까 하는 생각이 들었다.

책상을 정리하면서, 홍 대표는 이야기를 시작했다.

"오늘은 면접에서 자신의 '아킬레스건', 즉 '지원 분야에 대한 치명적 약점'에 대비하는 방법에 대해 이야기해 보도록 하겠습니다. 자신의 아킬레스건이 될 만한 사항을 꼼꼼히 찾아내서 어떻게 대답할지 고민하는 것은 매우 중요하다고 볼 수 있습니다."

"면접에서 제가 생각하는 아킬레스건에 대한 질문을 받게 되면 매우 당황스럽겠네요."

"'당황스러울' 만한 상황을 만들지 않는 것이 중요합니다. 물론 말도 안 되게 황당한 질문이 나올 가능성을 배제할 수는 없지만, 일반적인 상황에서 그런 일이 벌어질 가능성은 높지는 않습니다. 지원 분야와 스스로에 대한 고민을 거듭하다 보면, 아킬레스건에 해당되는 질문을 대부분 예측할 수가 있지요. 승호 씨가 지원하는 회사와 직무에 대해 '아킬레스건'에 해당되는 질문으로는 무엇이 있을까요?"

"그다지 좋지 않은 학점, 자신감 없는 태도, 영어 실력······. 생각해 보면 저는 아킬레스건이 너무 많네요."

"그중 가장 고민스러운 점을 이야기해 볼까요?"

"그렇지 않아도 계속 고민하던 것인데, 글로벌 회사의 해외 영업팀에 지원하면서 영어가 유창하지 않은 것은 분명히 아킬레스건입니다. 예를 들어, 면접관들이 갑자기 다양한 내용에 대해 영어로 이야기하기를 요구한다면 어떻게 적절히 대처할 수 있을지가 고민입

니다."

"네, 지금 상황에서 '영어 실력'은 분명히 승호 씨의 '아킬레스건'입니다. 그럼 아킬레스건을 어떻게 해결할지 생각해 봅시다."

영어 면접,
부족한 만큼 적극적으로

"사실 영어 면접은 아무리 고민해도 답이 안 나오는 부분입니다."

기어 들어가는 목소리로 자신 없이 이야기하는 승호에게 홍 대표는 차분하게 말을 꺼냈다.

"요즘처럼 해외 유학파들이 한국으로 많이 들어오는 상황에서, 승호 씨처럼 한국에서만 공부한 지원자가 영어 억양이나 발음 면에서 밀리는 것이 엄연한 현실입니다. 표현력이 부족한 것도 인정해야 하는 부분이지요. 하지만 현재의 상황에서 중요한 점은 면접에서 좋은 모습을 보여 주어 면접을 통과하는 것입니다. 면접관들은 각 단계마다 해당 분야에서 중요한 역량을 검증해야 통과시킵니다. 즉, 영어가 중요한 직무에서 영어를 검증해야 하는 것은 당연하고, 이를 통과하지 못한다면 아무리 다른 부분이 마음에 들어도 통과시킬 수가 없습니다. 지원자의 입장에서는 어쨌든 기본적인 자격 조건을 만족시켜야 합니다."

"그렇군요. 그럼 저는 어떻게 해야 할까요?"

"영어 면접을 효과적으로 준비하는 방법은 바로 '적극성'에 있습니다. 영어 면접에서 받을 만한 핵심적인 질문에 대해 답변을 준비해 보고, 지훈 씨와 같이 원어민에 가까운 영어 실력을 가진 친구들의 도움을 받아서 표현을 다듬은 후에 발음과 억양 지도를 받아서 열심히 연습하는 것입니다. 사실 별도의 '원어민 영어 면접'과 같이 정해진 시간 동안 영어 면접을 따로 진행하는 경우가 아니라면 영어 면접에서 나올 수 있는 질문은 제한적이므로, 이러한 방식으로 준비하는 것이 효과적입니다."

승호는 '지훈'이라는 이름을 듣고 손사래를 쳤다.

"아유, 대표님! 그 친구 잘난 척하는 데는 두 손 들었거든요. 그 녀석에게 부탁하고 싶지는 않아요."

"무슨 말씀을! 원어민에게 속성 과외라도 받아야 할 판국에 주변에 그런 친구가 있다는 것이 얼마나 고마운 일인가요? 친구 좋다는 게 뭡니까? 도움을 받을 수 있을 때 받고, 나중에 그 친구에게 도움을 줄 수 있을 때 도와주면 되는 거죠. 자존심이 상한다고 부탁하지 못한다는 말은 아직까지 취업할 만한 마음의 준비가 안 되어 있다는 뜻입니다."

맞는 말이었다. 자존심을 세울 일이 따로 있었다. 그나마 지훈이라도 없었다면 얼마나 막막했을까 생각해 보면, 지금의 상황은 오히려 다행이었다.

"하긴, 그 친구도 어차피 취업해서 시간도 많을 텐데. 내키지는 않지만, 말씀을 듣고 보니 그렇게 하는 것이 좋겠네요."

"네, 일단 부탁해 보세요. 혹시 흔쾌히 도와줄지도 모르니."

"대표님, 그런데 한 가지 주제넘은 고민이 있습니다. 그렇게 해서 회사에 일단 들어갔다고 했을 때, 나중에 업무 수행을 하면서 실력이 드러나서 창피해지지는 않을까요?"

"그건 입사하고 나서 고민할 일이고, 영어 실력은 스스로 지속적으로 노력해서 개선해야 하는 부분입니다."

홍 대표의 말에 뒤통수를 한 대 얻어맞은 것 같았다.

'입사하고 나서 고민할 일…….'

"해외 영업 업무를 수행할 때 모두 외국인처럼 이야기할 필요는 없지만, 업무 수행에 지장이 없을 정도의 영어 실력은 반드시 필요합니다. 입사하게 되면 학원을 다니든 과외를 하든, 무슨 방법을 써서라도 반드시 해결해야 할 문제라는 것입니다. 그렇지 않으면 회사에서 도태되고 낙오되는 것은 시간문제입니다. 취업은 끝이 아니고 시작이라는 것을 반드시 기억하셔야 합니다."

홍 대표와의 컨설팅을 마치고 집으로 돌아오는 길에 승호는 한참을 망설이다가 지훈에게 전화를 걸었다.

"지훈아, 승호다. 잘 지내?"

"어, 그럼. 다음 달 1일부터 출근해야 해서 한참 놀고 있지. 그런데 웬일로 전화를 다 했어? 혹시 영어 면접이라도 잡힌 것 아니야?"

어쩌면 귀신같이 알아냈을까? 승호는 그렇지 않아도 껄끄러웠는데, 지훈이 먼저 이야기하자 왠지 말을 꺼내기가 어려웠다.

"아, 아, 아니야, 내가 부탁할 일 있어서 전화했을까 봐? 나를 어떻게 보고? 그냥 궁금해서 전화한 거야."

"그렇지 않아도 네가 영어 면접에 대해 고민하고 있을 것 같다고 진아가 이야기하더라. 그래서 내가 먼저 연락해 봐야 되나, 생각하고 있었어."

'진아가 지훈이에게 부탁을……'

지훈의 이야기를 듣고 나니 승호는 코끝이 찡해졌다. 연락이 뜸한 중에도 진아는 항상 승호를 걱정하고 있었던 것이다.

'그래, 지훈이에게 도움을 청하자. 그리고 나중에 잘돼서 더 크게 갚아 주는 거다!'

"사실 영어 면접에 대해 부탁하려고 전화한 것 맞다. 이번에 잘 좀 부탁한다."

이야기를 들은 지훈은 의외로 흔쾌히 승낙했다.

"친구 좋다는 게 뭐야. 대신 나중에 합격하면 크게 한턱 쏘는 거다! 오늘 저녁에 뭐 해? 시간이 얼마 안 남았으니 당장 만나서 계획을 짜 보자."

"고맙다!"

승호는 지훈이 진심으로 고마웠다. 그리고 조금 더 빨리 도움을 청할 생각을 하지 못했다는 것이 후회스러웠다.

'이제는 부족한 부분을 최대한 빨리 보완하는 것만 남았다!'

승호는 마음속으로 다짐하고 있었다.

드라마에서 면접의
기술을 배우다

인성 면접 준비는 어느 정도 마무리되는 느낌이었다. 승호는 홍 대표가 뽑아 준 50여 개의 질문과 그에 대한 적절한 답변을 문서로 정리해서 들고 다니면서 외우고 또 외웠다. 지하철이나 버스 안에서는 물론이고, 밥을 먹을 때나 목욕할 때와 같이 손이 자유롭지 않을 경우에도 머릿속으로 상상해 가면서 끊임없이 반복했다.

'처음에는 인성 면접 질문 하나도 똑똑히 대답하지 못했는데, 하나씩 익혀 가다 보니 어려울 것도 없잖아?'

승호는 날이 갈수록 인성 면접에 자신감이 붙었다.

"적어 둔 답변을 그대로 외우려 하지 마세요. 문장 그대로 외우기에는 내용이 너무 많아서 쉽지 않을 겁니다. 게다가 문장을 통째로 외우면 말할 때 자연스럽지도 않고, 면접장에서 긴장하기라도 하면 내용을 잊어버리거나 말하는 도중에 실수할 가능성도 높습니다. 핵심적인 키워드와 내용의 흐름에 익숙해져서 연습할 때마다 더 자연스러운 표현을 찾아보세요.”

홍 대표가 강조했던 ‘핵심 키워드와 내용의 흐름’에 집중하며 다양한 문장을 써 보면서 연습하다 보니, 더 자연스러운 표현도 찾고 내용도 더 효과적으로 외울 수 있었다.

꾸준한 연습 덕분에, 오늘 홍 대표와의 인성 면접 모의 면접에서 긍정적인 대답을 들을 수 있었다.

“핵심적인 질문에 대해 준비가 잘되신 것 같네요. 자연스러운 답변을 위해 앞으로도 지속적으로 연습할 필요는 있지만, 이제 프레젠테이션 면접으로 넘어가도 되겠네요.”

“감사합니다! 그런데 대표님, 요즘 계속 답변을 암기하면서 걱정되는 것이 있습니다. 주변 선배들이나 친구들의 말을 들어보면, 너무 철저히 외워 가면 면접장에서 ‘달달 외운 티가 난다’고 하던데요. 혹시 저도 그런 인상을 주지는 않을지 걱정입니다.”

“연습을 철저히 하면 걱정할 필요는 없습니다. 한 가지 알려 드리죠. 면접은 연기입니다.”

“네? 연극이나 영화에서 배우들이 연기하는 것과 비슷하다는 말씀인가요?”

“맞습니다. 면접은 대사를 철저히 준비하고 암기한 후 감정을 담아 자연스럽게 이야기해야 하는 연기와 비슷합니다. ‘준비가 잘된 지원자’와 ‘준비가 부족한 지원자’의 차이는 ‘베테랑 연기자’와 ‘어색한 초보 연기자’의 차이입니다. 제 말이 잘 이해되지 않으면, 오늘 저녁에 드라마를 한번 보시죠. 아마도 느끼는 바가 있을 겁니다."

'면접이 연기와 같다고?'

승호는 홍 대표의 말을 곰곰이 생각하며 집으로 돌아왔다. 마침 어머니와 여동생이 한참 인기 있는 드라마를 보고 있었다.

방에 들어가다가 슬그머니 소파 한구석에 앉아서 진지한 표정으로 TV를 보고 있는 승호에게 어머니는 장난스럽게 핀잔을 주었다.

"취업 준비는 안 하고 웬 드라마니, 드라마는."

"엄마, 모르는 소리 마세요. 이게 다 숙제고 공부예요."

어머니는 한 배우가 연기하는 것을 보고 투덜대듯 이야기했다.

"어머나, 저 신인 배우는 어쩌면 저렇게 연기를 못하니. 대본을 읽네, 읽어. 달달 외우기만 했는지, 한참 더 연습해야겠네."

'연기…… 대사…… 달달 외운 것 같다고?'

승호는 어머니의 말을 되뇌다가 뭔가 머리를 스치고 지나가는 것을 느꼈다.

"아! 그렇구나. 엄마, 고마워요!"

승호는 뛸 듯이 기뻐하며 방으로 달려 들어갔다. 어머니와 여동생 승혜는 그 모습을 멍하니 바라보고 있었다. 어머니가 걱정스러운 듯 여동생에게 물었다.

"응? 뭐가 고맙다는 거니? 취업 준비하다가 정신이 어떻게 된 거 아닐까?"

승호는 홍 대표에게 이메일을 썼다.

'면접 답변에서 달달 외운 티가 난다는 것은 아직 연습이 부족하다는 의미겠지요. 충분히 연기 연습을 못한 연기자가 대본만 달달

외워서 부자연스럽게 보이는 것처럼요. 그 단계를 넘어설 수 있도록
끝까지 연습의 끈을 놓지 않겠습니다!'

그날 밤 늦게 승호의 이메일을 받은 홍 대표는 흐뭇한 표정으로
웃었다.

가족은 든든한 후원자

"안녕하십니까, 저는 해외 영업팀에 지원한 이승호입니다. 저는 대학 시절……."

승호가 빈 강의실에서 혼자 그동안 준비해 온 인성 면접 답변을 한참 연습하고 있는데 전화벨이 울렸다. 아버지였다.

"우리 승호, 취업 준비 열심히 하고 있어?"

"학교에서 면접 연습하고 있어요. 그런데 이 시간에 웬일이세요?"

"아빠는 이 시간에 전화도 못하니? 오늘 저녁에 가족 식사 한번 하자."

"네?"

의외였다. 면접이 얼마 안 남아서 바쁜 것을 승호의 아버지도 잘 알고 있는 데다, 가족 식사를 하자고 아버지가 전화한 경우는 최근에 한 번도 없었기 때문에 더 당황스러웠다. 평소 같으면 바쁘니까 면접 이후에 식사하자고 했겠지만, 면접 전에 가족들과 편안히 저녁 식사를 하고 싶기도 했다.

"아버지, 연습 마무리하고 8시 전까지는 갈게요. 괜찮으시죠?"

"그럼. 9시도 괜찮으니까 잘 마무리하고 와. 저녁 때 보자."

사실 승호가 본격적으로 취업 준비를 하면서 아침 일찍 집에서 나오고 또 밤에는 늦게 들어가면서 가족들의 얼굴을 보기도 어려웠다. 여동생 승혜도 휴학 후 아르바이트다, 영어 공부다 해서 학교에 다닐 때보다 더 바쁘게 지내고 있었고, 아버지도 실직 후 집보다는 주로 밖에서 지인을 만나 새로운 직장을 구하다가 밤늦게 들어오는 경우가 많았다.

승호는 밤늦게 들어오다가 거실에서 아버지와 마주칠 때마다 '아버지가 많이 늙으셨구나'라는 생각이 들었다. 몇 년 전까지만 해도 아버지는 승호에게 매우 큰 존재였다. 아버지는 집안의 가장으로서 가족들이 기댈 수 있는 언덕이었고, 집안에서 중요한 결정을 내려야 할 때 현명한 답을 해 주는 든든한 분이었다. 그런데 실직하고 난 이후부터는 흰머리도 늘고, 대화를 나눌 때에도 예전만큼 확신과 자신감이 보이지 않았다. 밤늦게 한잔하고 들어오시는 일이 잦아지는 아버지를 보며 가끔은 애처롭다는 생각이 들기도 했다.

'아버지도 이제 환갑을 바라보는 나이……. 이제는 내가 장남으로서 아버지를 도와 드리고 힘이 되어야 하는 것은 아닐까?'

불과 얼마 전까지만 해도 승호는 '아버지가 젊으셨을 때, 노후에 대비해서 철저하게 준비하셨으면 우리 가족이 이렇게 힘들지 않았을 텐데'라고 생각하며 아버지를 원망하기도 했다. 괜히 아버지에게 투덜댄 적도 많았다. 하지만 더 이상 그렇게 생각하지 않는다. 취업을 준비하면서 냉혹한 사회의 현실을 이해하게 되었기 때문이다. 사회 초년 때는 모든 이들이 큰 꿈을 갖고 회사 생활을 하지만, 입사하는 순간부터 퇴사하는 순간까지 치열하게 경쟁하면서 어떤 이는 두각을 나타내고 어떤 이는 도태된다. 처음에는 모두 친한 입사 동기이지만, 시간이 지나 관리자를 거쳐 임원 직급까지 승진하는 과정에서 누가 적인지 동지인지 구별하지 못하게 된다. 집안 배경, 학연, 지연 등과 같이 자신의 노력과 관계없는 '보이지 않는 능력'도 회사 생활에 큰 영향을 미친다. 이러한 사회의 현실을 이해할수록, 특별한 배경 없이 맨주먹으로 시작해서 한 회사에서 20여 년간 인정받으며 근무하고 명예퇴직을 하신 것만 해도 아버지가 존경스럽다고 생각되었다.

'아버지, 제가 빨리 취업해서 아버지, 어머니가 좀더 편하게 노후 생활을 하실 수 있도록 모시겠습니다!'

승호는 최근에 이렇게 다짐하곤 했다.

승호는 약속 시간인 8시가 훌쩍 지난 시간에 집으로 돌아갔다.

"다녀왔습니다! 좀 늦었습니다. 죄송해요."

도착해 보니 이미 삼겹살이 지글지글 익고 있었다.

"와! 제가 제일 좋아하는 삼겹살 파티네요. 이게 얼마만이에요?"

어렸을 때는 가끔 있는 일이었지만, 마지막으로 가족이 모여 집에서 고기를 구워 먹은 것이 언제였는지 생각도 나지 않을 정도였다. 한 입 가득 쌈을 베어 물던 승호는 문득 아버지에게 물었다.

"아버지, 그런데 정말 웬일이에요? 좋은 일이라도 있어요?"

환하게 웃고 계신 아버지를 보며 승호는 왠지 좋은 예감이 들었다.

"아빠가 사실 가족들에게 할 이야기가 있다. 실은 어제부터 한 중소기업에서 관리 담당 부장으로 일하게 되었다."

그 순간, 온 가족이 갑자기 식사를 멈추고 아버지를 바라봤다.

"여보! 축하해요!"

"와! 아빠, 축하해요!"

어머니와 승혜는 눈물까지 보이며 뛸 듯이 기뻐했다.

승호는 아무 말 없이 웃음만 짓고 있는 아버지에게 달려가서 뒤에서 꼭 안으며 말했다.

"아버지! 정말 축하드려요!"

"징그럽다, 이 녀석아! 이거 놔라!"

아버지는 승호에게 놓으라고 하면서도 승호의 팔을 꼭 잡고 이야기했다.

"예전 직장만큼 월급을 많이 주는 건 아니지만, 그래도 너희들이 생활비 걱정은 할 필요가 없다. 그동안 온 가족이 나 때문에 마음고생 많았을 텐데, 잘 견뎌 주어서 고맙다."

오랜만에 웃고 떠들며 왁자지껄한 저녁 식사가 밤늦게까지 이어졌다. 밝게 웃는 가족들을 보며 승호는 생각했다.

'가족들이 함께 모여 식사하는 것이 이렇게 즐거운 일인지 왜 몰랐을까? 행복은 역시 가까운 데 있는 것 아닐까?'

회사가 생각하는
'일 잘할 것 같은 사람'이란

승호는 평소보다 좀더 긴장된 표정이었다. 오늘부터 실무 면접을 본격적으로 준비하면서, 프레젠테이션 면접과 토론 면접에 대한 지도가 시작되기 때문이었다. 인성 면접은 그동안의 컨설팅과 철저한 연습을 통해 어느 정도 자신감이 붙었지만, 프레젠테이션 면접은 승호에게 큰 고민거리였다. 취업 스터디 때마다 느꼈듯이, 승호에게 프레젠테이션 면접은 공포 그 자체였던 것이다.

"시작도 하기 전인데 프레젠테이션 면접을 생각하니까 걱정부터 됩니다."

승호가 긴장한 기색이 역력한 표정으로 말했다.

"지금까지 해 온 만큼 열심히 하시면 프레젠테이션 면접도 잘하게 될 테니 걱정 마세요. 긴장 푸시고요."

이렇게 든든히 믿을 사람이 있다는 것 자체로 승호는 마음이 놓이는 것 같았다.

'열심히 하는 것은 나의 몫이다! 지금까지 한 것처럼 최선을 다해야지.'

승호는 새롭게 시작하는 마음으로 굳게 다짐하고 있었다.

"승호 씨, 기업들이 프레젠테이션 면접과 토론 면접과 같은 실무 면접을 하는 이유가 무엇이라고 생각하시나요?"

"아무래도 발표와 토론 능력을 평가하려는 것이 아닐까요?"

"표면적으로 프레젠테이션 면접과 토론 면접은 발표 능력과 토론 능력을 평가하는 것이지요. 그런데 발표 능력과 토론 능력은 회사의 팀 단위 업무에서 가장 많이 사용하는 실무적인 커뮤니케이션 방법이기 때문에, 결국 프레젠테이션 면접과 토론 면접은 업무 상황에서의 커뮤니케이션 능력을 검증할 수 있는 좋은 방법입니다."

"아, 그럼 실무적 커뮤니케이션 역량을 평가하려는 것이군요."

"그 외에도 다양한 실무 역량을 파악할 수 있습니다. 프레젠테이션 면접을 위해서는 발표 이전에 비교적 짧은 시간 동안 특정 주제에 대해 분석하고 자신의 논리에 맞추어 내용을 전개하는 과정이 필요한데, 분석력과 논리적 사고력 그리고 순발력이 필요합니다. 그리고 이러한 역량 역시 회사에서 실무를 수행하는 데 필수적인 실무적 역량입니다. 토론 면접의 경우에도 정도의 차이가 있을 뿐 이러한 역량이 필요하지요. 실무를 수행하는 데 필요한 커뮤니케이션 능력과 함께 다양한 역량을 종합적으로 판단할 수 있기 때문에 신입 사원 채용의 방법으로 실무 면접 방법을 활용하는 것입니다. 이러한 종합적인 검증을 통해 '일을 잘할 것 같은 사람'을 뽑지요."

"그렇군요. 실무 면접에는 보통 누가 면접관이 되나요?"

"기업마다 차이는 있지만, 대개 실무 면접이라는 타이틀에 걸맞게 과장, 차장 등 노련한 간부급 실무진이 면접관으로 나오는 경우가 많습니다. 아무래도 임원급보다는 실무진이 실제 업무에서 필요로 하는 지식과 최신 이슈를 상세히 알고 있는 경우가 많기 때문입니다. 프레젠테이션 면접 시 상세한 질문을 통해 해당 분야에 대한 관심 여부와 지식 정도를 평가하는데, 이런 부분은 아무래도 임원들보다는 실무진들이 강하겠지요."

"실무진이 제 발표를 들으면서 눈에 불을 켜고 약점을 찾아내서 질문할 것을 생각하니, 생각만 해도 긴장이 됩니다."

"너무 걱정 마세요. 이미 말했듯이, 모든 유형의 면접은 '올바른 방법'으로 '열심히 준비'하면 효과적으로 대처할 수 있습니다. 프레젠테이션 면접에 대해 먼저 이야기해 봅시다."

프레젠테이션 면접,
유형별로 공략하라

"승호 씨가 아직까지 프레젠테이션 면접에 대한 경험은 없으니, 우선 프레젠테이션 면접이 무엇이며 어떻게 진행되는지부터 알아보도록 합시다. 프레젠테이션 면접은 질문에 대한 지식이나 생각 등을 5분 내외로 발표하는 형태의 면접을 말합니다. 사전에 자료를 주는지 아닌지의 여부에 따라 '자료 제공형'과 '무無자료형'으로 나누기도 합니다."

"그러면 흔히 대학교 과제 발표와 같이 '파워포인트'로 진행했던 프레젠테이션과는 다른가요?"

"일부 기업에서는 현장에서 파워포인트를 사용하여 발표 내용을 작성하고 프레젠테이션을 하는 형태로 진행하기도 합니다만, 대부분의 경우는 메모지에 간단히 내용을 적은 후 화이트보드를 사용하여 발표하는 형태로 진행됩니다."

"그렇군요. 사실 파워포인트를 잘 못 다루거든요."

"그런데 최근에는 일부 기업에서 면접일 며칠 전에 면접 대상자들에게 주제를 주고 파워포인트를 사전에 제출하도록 한 후, 면접날 발표하도록 요구하기도 합니다. 파워포인트, 엑셀, 워드와 같은 기본적인 문서 프로그램은 회사에서 즉시 활용해야 하므로, 능숙하게 쓸 수 있도록 미리 준비해 두어야 합니다."

"알겠습니다."

"자, 본격적으로 프레젠테이션 면접의 대비 방법에 대해 알아보도록 합시다. 프레젠테이션 면접에 대비하기 위해서는 어떤 유형의 질문이 주로 나오며 각각에 대해 어떻게 논리적으로 내용을 전개해 나갈지를 아는 것이 핵심입니다."

"프레젠테이션 면접은 자신감 있게 발표할 수 있도록 훈련하는 것이 가장 중요하다고 생각했는데, 그게 아닌가요?"

승호는 그동안 프레젠테이션 발표를 할 때마다 발표 태도와 목소리를 지적받았던 기억을 떠올렸다.

"발표 태도 부분은 외적으로 드러나는 부분이고 눈에 쉽게 띄기 때문에 지적하기 쉽습니다. 그렇기 때문에 학생들 사이의 스터디나 대학에서의 모의 면접 등에서 많이 언급되지요. 효과적으로 커뮤니케이션하는 능력도 내용 구성 못지않게 중요합니다만, 이것은 내용 구성 방법을 알고 난 후 고민해야 할 문제입니다. 내용 구성에 확신을 가지게 되면 발표 태도도 확 바뀌는 경우가 많습니다."

'내용 구성에 대해서는 누구도 명확히 설명해 준 적이 없었는

데……. 그렇다면 그동안 잘못된 방법으로 프레젠테이션 면접에 대비해 온 것은 아닐까?'

승호는 그동안 외부로 드러나는 발표 태도에만 지나치게 신경을 쓴 것은 아닐까 싶어서, 프레젠테이션 면접 준비에 대해 새로운 시각을 갖게 되었다.

"승호 씨는 예전에 논술 준비를 해 본 적이 있나요?"

"준비를 해 본 적은 있지만……. 실은 고등학교와 대학교 때 특히 약했던 부분이 작문과 논술이었습니다."

"말을 하는 것으로 평가받느냐, 글로 적어서 평가받느냐의 차이가 있습니다만, 프레젠테이션 면접과 논술 시험은 분명히 공통점이 있습니다. 형식상의 가장 큰 공통점은 상대적으로 짧은 시간에 주제의 성격을 파악해서 논리적이고 체계적으로 정리해야 한다는 점입니다. 이에 효과적으로 대비하기 위해서는 사전에 다양한 질문을 분석해서 문제를 유형화하고, 유형별로 적합한 논리적 구조를 파악해 두는 것이 중요합니다. 충분히 훈련하면 문제를 보고 짧은 시간 내에 어떤 구조로 전개할지 알 수 있고, 주제별로 내용을 달리 적용해서 응용할 수도 있습니다."

"프레젠테이션 면접에 나올 만한 문제들을 유형화할 수 있다는 말씀인가요?"

"물론 워낙 분야와 직무가 다양하기 때문에 수많은 유형이 있겠지만, 크게 보면 '전략 수립'이나 '업무 상황 대처' 등의 두세 가지의 유형으로 분류할 수 있습니다. 그동안의 기출 사례를 분석하면 지원하는 회사나 직무별로 가능성이 높은 프레젠테이션 질문은 어느 정도 예측할 수 있습니다."

"와! 그럼 제가 지원하는 해외 영업 분야에서 어떤 유형이 많이 나오는지도 알 수 있나요?"

"회사와 지원 시기에 따라 차이는 있습니다만, 해외 영업이나 마케팅 직무의 경우 '마케팅 전략 수립'에 관한 질문이 자주 나옵니다. 주로 시장을 분석하고 타깃 고객을 명확히 해서 가장 효과적인 마케팅 전략을 수립하는 것이 바람직한 진행 방향이라고 볼 수 있지요."

"그렇군요. 그래도 어떻게 해야 할지 감이 오지는 않네요."

"프레젠테이션 면접의 경우 실제로 지원하는 기업과 직무에 적합한 주제를 잡아서 각각의 주제에 맞게 내용을 구성하는 연습을 반복해야 감도 생기고 실력도 늘게 됩니다. 준비를 꾸준히 하면서 해당 산업 분야의 이슈를 파악하다 보면 나올 만한 주제를 비교적 정확하게 예측할 수 있습니다."

"그럼 제가 받을 질문도 어느 정도 예측할 수 있겠군요!"

"어느 정도는 예측이 가능합니다. 오늘은 가능성이 높은 주제를 서너 개 정도 예측해서 각각의 주제에 대해 내용을 구성해 보는 연습을 합시다. 내용 구성 방법에 확신이 생기면, 그 내용을 실제로 발표해 보고 발표 태도, 목소리, 전반적인 커뮤니케이션 능력에 대해서도 지도해 드리겠습니다."

디테일한 연습만이
자신감을 만든다

 승호는 홍 대표와 함께 5분 분량으로 'A회사 제품의 신규 시장 진출 전략'에 대한 프레젠테이션 내용을 구성해 보았다. 해당 제품의 강점과 개선할 점을 다양한 방법을 통해 파악하고, 신규 시장이 될 만한 국가에서 활약하고 있는 기존 경쟁 회사의 강약점을 분석했다. 그 후 그곳 소비자들의 특성을 파악해서 주로 목표로 삼아야 하는 고객군을 선정하는 과정을 거쳤다. 그러면서 실제 면접에서 자료가 주어지지 않는 경우를 가정하여 우선은 알고 있는 지식 수준에서 내용을 구성해 보았고, 두 번째로는 자료가 주어지는 경우를 가정해서 인터넷을 통해 기본적인 정보를 찾아 보강해 가며 내용을 전개했다. 그 후, 목표로 하는 고객군의 특성에 맞도록 제품 기능과 디자인을 제안하고, 해당 시장에 적합한 가격대와 유통 방법, 마지막으로는 홍보 및 마케팅 아이디어를 제시했다.

"예전에 여러 문제들을 고민하지 않고 발표했을 때는 못 느꼈는데, 하나의 문제를 고민하며 깊이 있게 다루고 나니 다른 문제에도 응용할 수 있을 듯해요."

승호는 지금까지는 느끼지 못했던 재미까지 느낄 수 있었다.

"신시장 진출 전략에 대한 프레젠테이션 내용을 구성하면서 느꼈겠지만, 경영학의 마케팅에 나오는 기본적인 개념을 확실히 알고 응용하는 능력을 기를 필요가 있습니다. 즉, SWOT, 3C, STP, 4P 등의 기본 개념을 공식처럼 외워서 적용한다면, 수학의 원리는 모르고 공식만 대입해서 푸는 고등학생과 같은 인상을 줄 것입니다. 이러한 기본 개념은 현실에서 수많은 문제들을 접하면서 현업 실무자들과 경영학자들이 정리해 놓은 유용한 프레임워크Framework입니다. 하지만 기업의 현장에서 맞닥뜨리게 되는 문제들은 훨씬 복잡다단하기 때문에 이러한 프레임워크만 활용해서는 풀 수 없습니다. 프레젠테이션 면접에서는 프레임워크를 기본적으로 깊이 있게 이해하고 있으며, 이를 잘 응용하여 향후 입사 후에 업무에서 접하게 될 문제들을 효과적으로 해결할 수 있다는 사실을 증명해야 합니다."

"네, 명심하도록 하겠습니다."

"자, 지금까지 준비했던 프레젠테이션 내용을 발표해 볼까요? 발표할 때 유념해야 할 점은 도입부와 마무리 부분에서 적절한 포인트를 주어 깊은 인상을 남겨야 한다는 것입니다."

승호는 화이트보드 앞으로 나와서 발표했고, 향후 피드백을 위한 비디오 촬영이 이루어졌다.

발표할 내용은 물론 전체적인 프레젠테이션 면접을 어떻게 진행할지 확신을 갖고 있다 보니, 자신감이 크게 향상되었다. 물론 아직까지 긴장하고 떨기는 했지만, 예전에 비하면 정말 놀라운 발전이었다.

"……지금까지 들어 주셔서 감사합니다."

승호가 발표를 마치고 난 후 촬영된 비디오를 함께 보면서 홍 대표의 피드백이 이어졌다. 승호는 여러 부분에서 피드백을 받았는데, 첫 번째는 표정이나 시선, 제스처, 발표 태도 등 시각적인 부분, 두 번째는 발성과 발음, 억양 등 음성에 관련된 부분, 세 번째는 자신감 있는 모습으로 청중을 끌어들이는 진행 기법 등이었다. 승호의 경우, 면접관의 눈을 피하거나 몸을 움직이는 등 발표에 익숙지 않은 지원자들이 흔히 보이는 단점도 고쳐야 했지만, 목소리가 너무 낮고 발음이 입에서 맴도는 등 음성적인 부분에서도 개선해야 할 점이 많았다. 또한, 청중을 이끌어 가는 느낌보다는 내용을 전달하는 데에만 집중하는 모습을 보였다. 촬영된 자신의 모습을 보면서 지적을 받다 보니 승호는 너무 창피해서 얼굴이 홍당무처럼 빨개졌다. 그러나 개선해야 할 점을 정확히 지적받으니 어떻게 개선해야 할지 잘 알 수 있었다.

내용을 상세히 구성하고 발표하며 발표 태도와 목소리 등을 여러 차례 수정하다 보니, 실제로 스스로 인식하지 못하고 있던 안 좋은 습관들이 단시간 내에 많이 개선되었다.

"일단 발표 태도와 목소리는 단기적으로 개선된 것처럼 보일 수는 있지만, 근본적으로 고치기 위해서는 지속적인 연습이 필요합니다.

이를 유념하시고 꾸준히 연습하시기 바랍니다. 오늘 승호 씨가 집중해서 잘 따라와 준 덕분에 발표 태도가 많이 좋아졌어요. 마지막 모의 면접 때까지 성실히 연습해서 그때는 완벽한 프레젠테이션 발표를 보여 주시기 바랍니다. 수고 많으셨습니다."

"대표님 덕분입니다. 프레젠테이션 면접에 이렇게 자신감을 가지게 되었다니, 정말 믿기 어렵습니다. 감사합니다!"

"이제 토론 면접에 효과적으로 대응할 수 있는 방법에 대해 알아보도록 합시다."

"네!"

토론 면접,
요령만 알면 쉽다

　잠시 커피를 마시며 휴식을 취한 후 컨설팅은 다시 시작되었다. 어느새 홍 대표와 진행한 컨설팅도 막바지에 이르러서 마지막 커리큘럼인 토론 면접에 대한 내용이 시작되었다.

　"토론 면접은 지금까지 공부해 온 인성 면접, 프레젠테이션 면접과 비교할 때 크게 차이가 나는 면접 유형이라고 볼 수 있습니다. 어떤 점이 다를까요?"

　"아무래도 많은 지원자들이 한꺼번에 참석해서 평가받는다는 점이 다르지 않을까요?"

　"네, 토론 면접의 경우 보통 여덟 명 내외의 많은 지원자들이 한꺼번에 평가받습니다. 하지만 일부 기업의 경우 인성 면접에서도 대여섯 명이나 더 많은 지원자들이 들어가는 경우가 있습니다. 인원은 중요하지 않습니다. 실제로는 지원자가 면접관과 직접 커뮤니케이션하는 다른 면접 방식과 달리 지원자들끼리 서로 커뮤니케이션하는 것을 평가하는 유일한 면접 방식이라는 것이 가장 중요한 차이입니다."

"인성 면접에서는 면접관이 지원자들에게 질문하고 지원자들이 면접관에게 답변하는 것을 평가하고, 프레젠테이션 면접에서는 지원자가 면접관을 대상으로 발표하는 것을 평가하는 형식인 데 비해, 토론 면접의 경우 지원자들이 서로 질문하고 답변하는 형식이라는 점이 다르군요."

"그렇기 때문에 토론 면접은 다른 특성이 있습니다. 예를 들어 봅시다. 면접관을 대상으로 이야기하는 인성 면접과 프레젠테이션 면접과 달리 지원자들끼리 자유롭게 이야기하는 형태이기 때문에, 지원자들이 다른 면접보다 '진짜 자신의 모습'을 드러내곤 합니다. 즉, 긴장하고 조심스러운 모습이 아닌, 자신의 실제 커뮤니케이션 스타일을 보이게 되는 것입니다. 실제로 많은 지원자들은 토론 면접 때 말이나 태도 면에서 실수하는 경우가 종종 있습니다. 기업은 이런 부분을 빼놓지 않고 확인합니다."

"그렇군요. 그런 부분을 특히 조심해야겠네요."

"그리고 또 한 가지 중요한 차이점은 주제가 일반적인 시사 이슈일 가능성이 높다는 것입니다. 아무래도 많은 숫자의 지원자들이 같은 주제에 대해 이야기하는 상황이기 때문에, 공통의 화제를 찾기 위해 시사적인 이슈를 택하는 경우가 많습니다. 물론 해당 분야의 업무나 트렌드를 토론 주제로 정하는 경우도 있지만, 상대적으로 많지 않습니다. 따라서 최근의 시사 이슈에 관심을 가지고 공부해 둘 필요가 있습니다. 이러한 부분은 친구들과의 취업 스터디를 통해서도 충분히 향상시킬 수 있는 능력입니다."

"그렇지 않아도 진아, 지훈이와 함께 취업 스터디를 했을 때 시사 이슈에 대한 공부가 도움이 되었습니다."

"그때의 공부가 면접을 보는 데 많은 도움을 줄 거예요. 아무리 말을 잘하는 사람이라도 전혀 모르는 주제에 대해 토론하면 불리할 수밖에 없으니, 나올 만한 주제들을 미리 조사하고 찬성 또는 반대의 의견을 논리적으로 정리해 보는 습관을 가지는 것이 좋습니다."

"앞으로 남은 며칠 동안 관심을 갖고 꾸준히 조사하겠습니다."

"사실 토론 면접은 주로 면접의 초기 단계에서 면접관들이 많은 수의 지원자들을 한자리에서 보고, 지나치게 독단적이거나 참여가 저조한 사람들을 가려내기 위해 활용합니다. 따라서 요령 있게 대처한다면, 토론 면접에서 탈락을 피할 수 있습니다. 참여가 저조한 사람으로 비치지 않으려면 '평균 이상의 횟수로 유효한 발언을 하며 참여'하는 것이 중요합니다. 그리고 앞서 언급했다시피 지원자들끼리의 커뮤니케이션에서도 상대방의 의견을 존중하는 자세를 보이는 것이 중요합니다. 간혹 독단적인 성격을 가진 지원자들이 토론 면접에서 공격적인 성향을 드러내는데, 이는 아주 안 좋게 보일 수 있으므로 주의해야 합니다. 이외에도 핵심을 먼저 이야기하고 간결하게 이야기하는 등 논리적 커뮤니케이션에서 지켜야 할 기본 사항을 잘 지킨다면 토론 면접에서 탈락하는 일은 없을 것입니다."

"네, 잘 알겠습니다.

"승호 씨의 면접 컨설팅은 여기에서 마감하겠습니다. 기초가 없는 상태였기 때문에 따라오는 것이 쉽지만은 않았을 텐데, 끝까지 성실히 컨설팅에 임한 덕에 면접 역량이 많이 개선되었습니다. 다음 시간은 면접 전날의 마지막 모의 면접입니다. 그날은 정장, 와이셔츠, 넥타이, 구두, 벨트까지 실제 면접에 입고 갈 복장을 그대로 하고 오시기 바랍니다. 복장에 대한 피드백과 더불어 실제와 가장 유사한 상황에서 모의 면접을 진행함으로써 실전 적응력을 키워 봅시다. 그럼 다음에 뵙겠습니다."

집으로 돌아오는 길에 승호는 다짐했다.

'끝까지 긴장을 풀지 않고 최선을 다해야지.'

마음속으로 굳은 각오를 하는 승호의 눈앞에는 가족들의 얼굴과 진아의 얼굴이 선했다.

최선을 다했다면
아쉬움은 없다

　면접 전날, 마지막 모의 면접을 위해 승호는 정장 차림으로 홍 대표의 사무실을 찾았다. 홍 대표의 사무실로 가는 길에, 승호는 감회가 새로웠다. 홍 대표와 컨설팅을 시작한 지도 어언 한 달……. 진아의 소개로 홍 대표를 처음 찾아간 날부터 지금까지 오직 원하는 기업에 취업하겠다는 목표를 향해 달려온 기억이 머릿속에서 주마등처럼 스쳐 지나갔다. 이제 면접은 내일……. 그동안 준비해 온 실력을 최대한 발휘하는 일만 남았다.

　홍 대표의 조언에 따라, 지난 며칠 동안은 새롭게 배운 프레젠테이션 면접 준비에 가장 많은 시간을 쏟으면서 기존에 정리해 둔 인성 면접 답변을 지속적으로 연습하고 토론 면접에 대비해 주요 시사 이슈에 대한 찬성과 반대 의견을 정리해 가며 바쁘게 지냈다. 특히 프레젠테이션 면접은 홍 대표에게 받은 유형별 주제 네 가지를 충분히 고민하여 발표 내용을 꼼꼼히 정리해 보고, 집에 있는 디지털 카메라로 스스로 발표하는 모습을 찍어서 기존에 지적받은 부분이 개선되었는지 확인했다. 인성 면접은 핵심 질문 50여 가지에 답변까지 포함하면 내용이 무척 많았기 때문에, 자연스럽게 이야기할 수 있을 정도로 충분히 암기하는 데 꽤 오랜 시간이 걸렸다. 답변 내용을 자연스러운 구어체로 정리해서 문서화하기도 하고, 이를 녹음해서 이동 시간에 짬짬이 들으며 암기하고 부자연스러운 표현은 수정했다. 영어 면접은 지훈과 여러 번 만나서 표현과 발음을 수정하는 등 많은 도움을 받았다. 자나 깨나 어떻게 하면 그 회사에 취업할 수 있을까만 생각하고, 최선을 다하면 합격할 수 있을 것이라 확신했으며, 한순간도 허투루 보내지 않도록 노력했다.

이상하게 면접 전날인데도 오히려 마음은 편안했다. 대학에 입학한 후 가장 도전적인 목표를 세우고 이를 성취하기 위해 최선을 다했다는 생각에 뿌듯한 기분마저 들었다. 그리고 열심히 준비했으니 설령 합격하지 못하더라도 아쉬움이 남지 않을 것 같았다. 홍 대표와의 컨설팅 과정에서 알게 된 취업 준비 방법론은 다른 회사에 지원할 때도 100% 활용할 수 있고, 특히 프레젠테이션 면접 준비에서 얻게 된 지식은 회사에 입사해서도 업무에 활용할 수 있는 것이었다.

"마지막 날이네요. 복장은 잘 준비하셨습니다. 바로 모의 면접을 시작하겠습니다. 1분 이내로 자기소개를 해 주세요."

인성 면접과 프레젠테이션 면접을 중심으로 약 한 시간 동안 실전 모의 면접을 거쳤다. 실전이라고 생각하고 진행하다 보니 다른 때보

다 다소 긴장되었지만, 그동안 충실히 연습한 덕분에 무리 없이 진행할 수 있었다.

"수고하셨습니다. 여기까지 하시죠."

모의 면접을 마치는 홍 대표의 얼굴 표정은 밝았다.

"전체적으로 준비가 잘되었네요. 자신감을 가져도 좋습니다. 현장에서 여러 가지 변수가 있겠지만, 잘 대응할 수 있을 거라 생각합니다. 오늘은 긴장 풀고 컨디션 조절 잘하시고요."

"그동안 감사했습니다. 꼭 합격해서 다시 찾아오겠습니다."

승호는 자리에서 일어나며 홍 대표에게 꾸벅 인사했다.

"제가 감사했습니다. 한 분, 한 분씩 원하는 회사에 입사하고 성장해 가는 것을 보면서 보람을 느낍니다. 면접 후에도 꼭 연락 주시고, 좋은 인연 이어갑시다."

승호는 밝은 표정으로 홍 대표의 사무실을 나섰다.

원하는 회사에 합격한 후 당당한 모습으로 다시 홍 대표를 찾아올 것을 기약하면서…….

인성 면접의 주요 질문에 대한 답변 가이드

인성 면접에서 나올 수 있는 다양한 질문을 유형화해서 나누어 보면, 첫째로 자기소개, 지원 동기, 성격상의 장단점 등과 같이 자주 등장하는 기본 질문, 둘째로 자신이 지원하는 산업, 회사, 직무에 관련된 질문, 셋째로 지원자의 약점에 대해 집중적으로 검증하는 압박 면접 형식의 질문 등 다양한 유형이 있다.

인성 면접 대비의 핵심은 해당 회사의 면접에서 나올 만한 다양한 질문을 정확하게 예측하고, 질문에 대해 가장 적합한 답변을 마련하고 이를 자연스럽게 말할 수 있도록 지속적으로 훈련하는 것이다. 여기에서는 인성 면접에서 자주 등장하는 주요 질문의 몇 가지 사례를 살펴보고, 답변 시 주의해야 할 사항을 알아보도록 한다. 답변할 때에는 답변의 핵심을 먼저 이야기하고 사례를 뒤따라 제시하는 '앤서 퍼스트Answer-First' 방식을 사용해야 면접에서 효과적으로 커뮤니케이션할 수 있음을 명심한다.

① 1분 내로 자기소개를 해 보세요

대부분의 면접에서 처음에 받게 되는 질문이 '자기소개를 1분 이내에 해 보라'는 것이다. 면접관들은 처음 지원자가 면접장에 들어오면 지원자가 제출한 이력서와 자기소개서 내용을 보면서 질문할 사항들을 다시 한번 정리하며, 자기소개를 들으며 구체적인 질문을 뽑는다. 따라서 자기소개의 핵심은 '면접관이 흥미를 가질 만한' 해당 분야에서의 강점을 체계적이고 논리적으로, 그리고 명료하게 설명함으로써, 이후 인성 면접에서 면접관들이 자신에게 큰 흥미를 가지게 하고 지원자가 강점을 가진 부분에 대해 질문하도록 유도하는 데에 있다. 이러한 전략적인 자기소개 기법을 통해 전체적인 면접 진행을 유리하게 이끌고 합격 가능성을 높일 수 있다. 일부 지원자들의 경우 면접관들의 시선을 끌기 위해 독특한 행동이나 말을 하기도 하는데, 이는 역효과를 낼 수 있으므로 주의한다.

② 대학 시절 가장 흥미로웠던 과목에 대해 말해 보세요

실제로 가장 재미있었던 교양 과목에 대해 솔직히 이야기하며 자연스럽게 대화를 이어 나갈 수도 있겠지만, 면접관들이 답변에 대해 흥미를 가지게 하기 위해서는 지원 분야 및 직무와 관련이 깊은 과목이나 학점 등의 가시적인 성과가 탁월한 과목을 언급하는 것이 좋다. 또한 해당 분야에 대한 지원자의 관심과 지식의 수준을 자연스럽게 드러낼 수도 있다.

③ 타인과 효율적으로 일하여 좋은 결과를 얻은 경험을 이야기해 보세요

다른 사람들과 협업하는 데 있어서 자신이 크게 기여하여 좋은 성과를 얻게 된 사례를 구체적으로 설명한다. 주제는 인턴 경험, 학과 프로젝트 경험 등 회사의 업무 상황과 근접한 주제를 잡는 것이 바람직하며, 숫자로 표현할 수 있는 가시적인 성과가 있다면 더욱 좋다. 특히 자신이 가진 장점을 적극 활용하고 다른 팀원보다 더 많은 시간과 노력을 투입하여 좋은 성과를 낸 사례를 찾는다.

④ 취미나 특기가 무엇입니까?

지원자가 가진 재미있는 취미나 특기를 소개함으로써 업무 외적인 부분에서 장점이나 재능을 드러내는 것도 좋은 방법이다. 또한, 단체 운동이나 단체 활동 특기를 드러내면 자연스럽게 지원자가 가진 리더십과 협동심 등을 강조할 수도 있다.

외국계 기업 면접 시 반드시 알아야 할 사항

국내에는 금융, IT, 소비재, 제조업, 컨설팅 등 다양한 산업 분야의 외국계 기업들이 들어와 있으며, 많은 지원자들이 외국계 회사를 가장 취업하고 싶은 기업으로 꼽는다. 외국계 회사에서 면접 볼 때 주의해야 할 사항에 대해 정리해 보도록 한다.

① '글로벌 회사에 근무'한다는 것에 대해 너무 큰 환상을 갖지 마라

동아시아 시장 전체를 담당하는 본부를 한국에 둔 일부 회사를 제외하고는, 많은 회사의 경우 담당 지역이 한국으로 국한되거나 담당 업무가 영업 또는 마케팅으로 제한되는 경우가 있다. 따라서 면접을 준비할 때에도 이러한 현실을 고려해야 할 것이다. 참고로, 최근에는 전자 및 자동차 업종을 중심으로 국내 대기업들의 세계 시장에서의 입지가 강해지면서, 국내 대기업의 본사에서 전 세계 시장을 대상으로 하는 사업 담당자로 성장하는 것이 규모가 큰 '글로벌 업무'를 할 수 있는 기회가 되기도 한다.

② '외국계 기업의 조직 문화'에 너무 큰 기대를 갖지 마라

많은 지원자들이 외국계 기업을 선호하는 이유 중 가장 큰 부분을 '수평적이고 합리적인 조직 문화'로 꼽는다. 물론 외국계 기업 본사의 문화적 특성이 한국 사무소의 조직 문화의 근간을 이루는 것이 사실이다. 하지만 아무리 외국계 기업이라도 기본적인 상하관계나 격식을 따지고, 특히 한국 사무소의 근무자들은 대부분 한국인이므로 '한국적 조직 문화'도 강하다는 사실을 유념해야 한다.

③ 면접 전형에서 영어에 철저히 대비한다

　외국계 기업은 본사와 커뮤니케이션할 때 해당 국가의 언어를 사용해야 하므로, 영어가 회사 내의 공용어인 경우가 많다. 따라서 듣고 읽는 것 외에도 말하고 쓰는 데 유창한 영어 능력이 필수적이다. 최근에는 많은 해외 유학생들이 한국으로 돌아와 국내 대기업 또는 국내의 외국계 기업에 지원하고 있으며, 이에 따라 영어 능력에 대한 기준도 상당히 높아졌다. 그러므로 적절한 영어 단어와 세련된 표현을 쓸 수 있도록 노력한다.

합격을 좌우하는 면접 복장 가이드

많은 면접관들이 지원자들의 첫인상이 합격 여부에 큰 영향을 미칠 수 있다고 이야기한다. 지원자의 첫인상은 겉으로 드러나는 외모로 결정되므로, 면접에 임할 때 머리부터 발끝까지 철저히 신경 쓰도록 한다. 물론 타고난 외모가 빼어난 사람들은 유리하다고 볼 수도 있지만, 면접에서 가장 중요한 점은 직장인으로서 프로페셔널한 외모를 보이는 것이다.

[남성 지원자]

① 얼굴과 헤어스타일

남성의 경우 면도를 깔끔하게 하는 것이 매우 중요하다. 특히 수염이 빨리 자라는 사람이 아침에 일찍 면도하면 늦은 오후의 면접에서는 깔끔하지 못한 모습을 보일 수도 있기 때문에, 면접 이전에 다시 한 번 확인하는 것이 좋다. 머리는 너무 길거나 짧지 않도록 단정한 것이 좋고, 머리 염색은 피한다. 경우에 따라 젤, 무스 등을 적절히 사용하면 프로페셔널한 헤어스타일을 연출할 수도 있다. 면접에 임박하여 머리를 깎으면 부자연스러워 보일 수 있으니, 가급적이면 3~4일 전에 머리를 깎도록 한다.

② 정장과 신발

주로 남색 또는 짙은 회색 계통의 단색 정장을 입는 것이 깔끔해 보인다. 남성 정장은 시기에 따라 유행하는 스타일이 달라져서 가급적이면 최근에 산 정장을 입으면 좋지만, 너무 오래된 정장이 아니라면 크게 무리가 없다. 정장 바지의 경우 몇 번 입고 활동하면 다림질한 주름이 없어지므로, 면접 전에 다시 다림질을 해서 샤프한 모습을 보여 주도록 한다.

와이셔츠는 흰색을 입는 것이 좋고, 깔끔하게 세탁하고 다림질하여 때가 타지 않도록 한다. 특히 목 주변과 손목 부분이 쉽게 더러워지니 주의하도록 한다. 넥타이는 너무 튀는 색상은 피하고, 하늘색 계열 등 무난하고 점잖은 스타일을 선택하는 것이 좋다.

구두는 끈을 묶는 스타일의 신사화가 적절하며, 항상 깨끗하게 닦고 광을 내도록 한다. 구두의 청결 상태를 보고 성격을 가늠하는 면접관도 있으므로, 신경 쓰는 편이 좋다. 양말은 바지 색과 맞추는데, 예를 들어 검정색 또는 남색 등 짙은 색의 양복을 착용하면 검정색 또는 남색의 양말을 착용한다.

[여성 지원자]

① 얼굴과 헤어스타일

여성 지원자의 경우 남성 지원자와는 달리 화장에 신경 써야 한다. 하지만 면접 당일 미용실에서 메이크업을 받아 외모에 지나치게 신경을 쓴 듯한 인상을 주는 것도 좋지 않다. 화장은 최대한 자연스럽게 하며, 아이라인 등을 적절히 활용하여 샤프한 인상과 프로페셔널한 느낌을 주는 것도 좋다. 립스틱의 경우 튀지 않는 색상으로 편안한 느낌을 주도록 한다.

여성의 경우 헤어스타일도 첫인상에서 중요한 부분을 차지하는데, 머리가 긴 지원자의 경우는 뒤로 단정히 묶거나 올린 머리를 해서 면접관의 시선이 분산되지 않도록 한다. 단발의 경우 앞머리가 지나치게 길거나 짧으면 좋지 않은 인상을 주므로 참고한다. 머리색은 자연스러운 짙은 갈색이나 검정색에 가까운 갈색이 적절하므로, 지나치게 밝은 색이라면 어두운 색으로 염색하는 것이 좋다.

② 정장과 신발

정장은 검정색, 짙은 남색, 회색 등의 투피스가 적절하다. 블라우스는 보통 흰색이 무난하며, 칼라가 없는 정장의 경우 U자형 블라우스가 더 잘 어울린다. 치마는 무릎이 살짝 드러나는 길이가 적절하며, 바지 정장을 입을 경우 구두의 굽을 고려해서 구두 발등을 약간 덮는 길이가 좋다. 구두는 심플한 펌프스 스타일을 선택하고, 굽 높이는 너무 높거나 낮으면 안 된다. 스타킹의 경우 패턴이 없는 크림커피색이 적절하며, 지나치게 어두운 색은 피하는 것이 좋다. 면접 시 과도한 액세서리를 착용하는 것은 좋지 않다.

승호의 다짐

"이승호 씨, 아까 지시했던 업무는 마무리했나?"

"김 과장님, 거의 다 되어 갑니다!"

해외 영업팀 막내 사원으로 회사 생활을 시작한 지도 어느새 2년. 업무가 익숙해질 법도 한데, 보고서 작성 업무는 항상 예상보다 시간이 많이 걸린다. 요즘 들어 승호는 2년 전 꿈에도 그리던 바로 이곳, A전자 해외 영업팀에 합격했을 때 홍 대표가 축하의 말과 함께 건넨 조언이 자주 떠올랐다.

"대학을 졸업하고 사회생활을 시작한다는 것은 '끝이 아닌 시작'이라는 것을 명심하세요."

맞는 말이었다. 입사의 기쁨도 잠시, 근무를 시작하면서 예상했던 것보다 훨씬 치열한 생활이 시작되었다. 그리고 입사 후 2년이 지난 지금에야 승호는 '사회생활이 이런 것이구나' 하고 어렴풋이 느끼고 있었다. 신입사원으로 같이 입사해서 연수원을 지냈던 동기들 중 여러 명이 적성에 맞지 않는다는 이유로 퇴사하고는 다른 회사로 이직하거나 대학원으로 진로를 돌렸다. 입사하면 모든 게 해결될 줄 알았던 2년 전에는 정말 어리고 순수했다.

물론 하루하루 어려움도 많지만, 승호는 원하던 해외 영업 일을 배우는 것이 즐겁고 보람 있었다. 실제로 업무를 해 보니 적성에도 잘 맞았고, 날마다 상사에게 깨지면서도 어려운 일을 해결해 나가며 스스로 발전하는 느낌이었다. 열심히 노력한 결과 회사에서도 인정받아서, 최근에는 회사에서 보조해 주는 해외 MBA 유학 프로그램에 후보로 추천되어 최종 결과 발표를 기다리는 중이다.

'앞으로도 꾸준히 자기계발을 해 가면서 부족한 부분을 보완해서, 입사 당시에 목표했던 대로 이 분야에서 인정받는 사람이 되어야지!'

승호는 매일매일 마음속으로 다짐하고 있었다. 그때 승호의 휴대폰이 짧게 울렸다. 진아에게 메시지가 온 것이다.

'오늘 저녁 약속 잊지 않았지?'

승호는 취업할 때까지 믿고 기다려 준 오래된 연인인 진아와 다음 달 결혼을 앞두고 있었다. 그는 취업이 모든 것을 해결해 주지는 않지만 원하는 것을 이루어 주는 디딤돌은 될 수 있다는 생각이 들었다.

"이승호 씨! 아직도야?"

"아! 김 과장님, 다 됐습니다. 지금 갑니다!"

승호는 정리된 보고서를 들고 김 과장에게 헐레벌떡 달려가면서 환하게 웃고 있었다.

KI신서 4182

그들은 어떻게
**원하는
회사에**
들어갔을까

1판 1쇄 인쇄 2012년 8월 31일
1판 3쇄 발행 2012년 10월 15일

지은이 홍준기
펴낸이 김영곤 **펴낸곳** (주)북이십일 21세기북스
부사장 임병주
MC기획1실장 김성수 **BC기획팀** 심지혜 장보라 양은녕
출판개발실장 주명석 **편집1팀장** 박상문 **디자인 표지** 김수아 **본문** 노승우 **일러스트** 오동진
마케팅영업본부장 최창규 **마케팅** 김현섭 강서영 **영업** 이경희 정병철
출판등록 2000년 5월 6일 제10-1965호
주소 (우413-120) 경기도 파주시 회동길 201(문발동)
대표전화 031-955-2100 **팩스** 031-955-2151
이메일 book21@book21.co.kr **홈페이지** www.book21.com
21세기북스 트위터 @21cbook **블로그** b.book21.com

ⓒ 홍준기, 2012

ISBN 978-89-509-3939-7 03320
책값은 뒤표지에 있습니다.

이 책 내용의 일부 또는 전부를 재사용하려면 반드시 (주)북이십일의 동의를 얻어야 합니다.
잘못 만들어진 책은 구입하신 서점에서 교환해 드립니다.